The 2016 Kumamoto Earthquake and The Regional Industries

熊本地震と地域産業

伊東維年・鹿嶋 洋 編著
Tsunatoshi Ito and Hiroshi Kashima (eds.)

日本評論社

口　絵

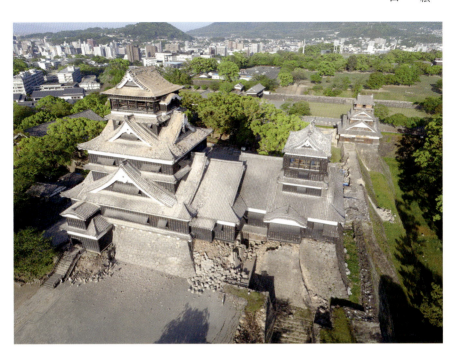

口絵1-1　熊本地震によって損傷した熊本城天守閣
(2016年4月17日撮影，熊本城総合事務所提供)

口絵1-2　南阿蘇村立野地区の大規模な山腹崩壊と阿蘇大橋の落橋
(2016年4月16日撮影，国土交通省九州地方整備局提供)

iii

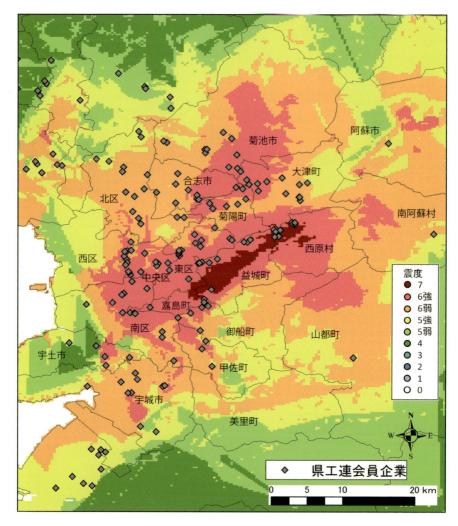

口絵2-1 熊本地震本震の推定震度分布と熊本県工業連合会会員企業（製造業）の分布
（作成：鹿嶋洋）

推定震度分布は独立行政法人防災科学技術研究所のJ-RISQ地震速報による．
熊本県工業連合会会員企業の分布は同会Webサイトによる．製造業の242社を抽出．

口　絵

口絵3-1　ルネサスセミコンダクタマニュファクチュアリング㈱川尻工場．
被災し転倒した移動ロボット付運搬車．
（2016年4月18日撮影，ルネサスセミコンダクタマニュファクチュアリング㈱提供）

口絵3-2　ソニーセミコンダクタマニュファクチャリング㈱熊本テクノロジーセンター．
落下して粉砕したウェハ．
（2016年4月17日撮影，ソニーセミコンダクタマニュファクチャリング㈱提供）

口絵3-3　三菱電機㈱パワーデバイス製作所熊本事業所．
被災直後のクリーンルーム．
（2016年4月16日撮影，三菱電機㈱パワーデバイス製作所熊本事業所提供）

v

口絵4-1 瑞鷹㈱酒蔵内の様子.
タンク等の設備は後片付けされ空間が広がっている.
工場の側壁崩壊により陽が差し込んでいる.
（2016年6月8日，中野元撮影）

口絵4-2 瑞鷹㈱川尻本蔵の白壁.
激しく崩落し，室内は危険な状況.
（2016年6月8日，中野元撮影）

口絵4-3 瑞鷹㈱酒蔵の外観.
断続的に起こる余震で危険な状況にある.
（2016年6月8日，中野元撮影）

口絵4-4 瑞鷹㈱蔵の外壁.
激しく崩落している.
（2016年6月8日，中野元撮影）

口絵4-5 瑞鷹㈱蔵の外壁.
激しく崩落している.
（2016年6月8日，中野元撮影）

口　絵

口絵5-1　建て替え営業再開間近のスーパーマーケット．
（熊本市東区，2017年11月3日，山本耕三撮影）

口絵5-2　解体前の建物には常連客からの励ましのメッセージが貼られていた．
（熊本市東区，2016年8月30日，山本耕三撮影）

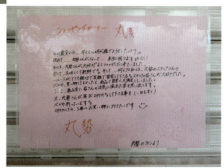

口絵5-3　地震から約2か月後に最初に建てられ，2017年10月に営業終了した仮設商店街「益城復興市場・屋台村」．
（益城町，2017年10月8日，山本耕三撮影）

口絵5-4　「益城復興市場・屋台村」で営業していた飲食店のうち4店が集まる店舗兼住宅の建物．
地震前からここで営業していたのは左から2番目のみ．「益城復興市場・屋台村」跡地から熊本県道28号熊本高森線を東へ200m弱のところにある．
（益城町，2018年2月17日，山本耕三撮影）

vii

口絵6-1 ㈱オジックテクノロジーズの被災状況. 作業エリアに倒れた乾燥機.
(㈱オジックテクノロジーズ提供)

口絵6-2 ㈱オジックテクノロジーズの被災状況. 破損したダクト.
(㈱オジックテクノロジーズ提供)

口絵6-3 アイシン九州㈱の被災状況. 落下したクレーン.
(アイシン九州㈱提供)

口絵6-4 アイシン九州㈱の被災状況. 落下した金型.
(アイシン九州㈱提供)

口絵6-5 金剛㈱の被災状況. ローラー上の崩れた鋼板.
(金剛㈱提供)

口絵6-6 金剛㈱の被災状況. 倒壊したラック.
(金剛㈱提供)

はしがき

　本書出版の元を辿れば，本書執筆者4名を含む調査・研究プロジェクトが2016年6月20日に公益社団法人東京地学協会へ「熊本地震関連緊急調査・研究助成金」の供与申請書を提出したことに始まる。

　当プロジェクトの代表者である熊本大学の鹿嶋洋教授は，本申請書の「研究・調査課題名」を「熊本地震に伴う地域産業の被災状況と復興過程に関する地理学的研究（A geographical study of the local industries under the Kumamoto Earthquake: the damage and revival process）」とした上で，「研究・調査の目的と特色」について次のように述べている――少々長いが，その中に熊本地震とその被災状況も含まれているので全文を記載させて頂きたい――。

　「平成28年熊本地震は，震度7の激しい揺れをごく短期に2度も生じ，さらに余震活動が活発かつ広域に及ぶなど，まれにみる災害となった。この地震は地域経済にも深刻な打撃を与えており，地域産業の復興が急務である。農業では，農地や水利施設の被害により作付けの断念等が多発した。製造業では建物・設備等の被害により未だ生産が再開できない企業も多数あるほか，サプライチェーンの寸断は直接・間接に多くの企業に波及した。観光業では施設自体の被害や交通の寸断に加え，九州全体で観光客が減少するなど風評被害とも言える影響が生じた。商業では建物等の被害により営業再開できない店舗が多く，消費者の購買行動にも影響が生じている。これら地域産業の被害はそこで働き生活を営む人々の暮らしにも深刻な影響をもたらしている。被災地の復興にあたって，仕事の安定を図ることが不可欠である。

　地域産業への被害は，地震のみによって生じるのではなく，震災以前から潜在していた地域的な課題が震災を期に顕在化するという側面も有する。したがって，震災からの復興を果たすには，長期的視点から被災地を展望する視点が不可欠であり，地元研究者の貢献が要請される。

　加えて，本震災の被災地は，熊本市中心部の商業地域や住宅地域，近郊の工

業地域，その周囲に広がる農山村地域に至り，地域的多様性に富んでいる。また被災地の産業部門は農林業，工業，商業，観光業など様々な部門に及んでいる。従って，被災状況の把握と復興を展望する際においても，このような地域的多様性と産業の複合性の双方に留意することが肝要である。

　そこで本研究は，上記のような問題意識の下で，復興のあり方を展望するための第1歩として，主として熊本県内の地域産業における被災状況と復興過程を把握することを目的とする」。

　本調査・研究は，幸いにして東京地学協会によって助成金供与の採択を受け，7名の研究者は2016年度に本調査・研究を実施した。その成果の一部が『地學雑誌』126巻6号（2017年12月25日発行）に掲載された「熊本地震に伴う地域産業の被災状況と復興過程に関する地理学的研究」である。

　2017年度に入り，東京地学協会の助成金を受けて調査・研究に参加した研究者の中から，「熊本地震からの復興を果たすには，長期的視点から被災地を展望する視点が不可欠であり，地元研究者の貢献が要請される」という鹿嶋教授の考えを基に，熊本地震に伴う地域産業の被災状況と復興過程に関する調査・研究を継続し，その成果を一冊の本に纏めようという声が上がった。

　同年11月に，筆者（伊東維年）が書名を『熊本地震と地域産業』（仮題）とし，各執筆者から章題を募り，それらを鹿嶋教授と共に検討・整理して章立てを行い，2018年2月末原稿締め切り，同年3月末出版社への原稿提出という出版計画を立てた。この出版企画書を日本評論社に送付し，2017年12月に同社経済編集部部長の斎藤博氏の御支援を頂き，同社からの出版の快諾を得た。

　その後，執筆陣の一部変更などがあったものの，4名の執筆者から原稿提出があり，6つの章を構成することにして，日本評論社の了承を得た。こうして出来上がったのが本書である。このため，拙文が本書の半分を占めるに至った。これが本書の学術的価値を低下させたのではないか，と何よりも心配している。

　しかし，今の筆者の心境は，"It's no use crying over spilt milk." である。

　また，筆者は，本調査・研究を通して，大規模地震が地域にいかに長期にわたり深刻な影響を与えるかを，併せて地震からの復旧・復興には自らの事前の備えは勿論のこと，公助，相互扶助の精神が何よりも重要であることを学んだ。

　本書は東京地学協会の「熊本地震関連緊急調査・研究助成金」による調査・研究の成果の一部である。

はしがき

　東京地学協会をはじめ，本調査・研究に協力して頂いた行政機関，各種の団体，企業，被災者等の御陰で，その成果を著し，本書を出版することができた。これらの方々の御協力に感謝の意を表したい。

　また，東京地学協会の「熊本地震関連緊急調査・研究助成金」の応募を勧め，本調査・研究に取り組む契機を与えて頂いた筑波大学の村山祐司教授に心より御礼を申し上げたい。

　日本評論社経済編集部部長の斎藤博氏には，本書の企画書の提出以前の段階から丁寧に対応し，本書の出版に導いて頂いた。氏のいつもながらの手厚い御配慮に深甚なる謝意を述べる次第である。

　地震の被害や復旧・復興過程について本格的な調査・研究を行うのは，本書の執筆者のいずれにとっても今回が初めてのことである。このため，本書の中に著したことに対して，研究者から誤謬の指摘や批判を被る恐れがある。私共は，このような指摘や批判を，今後の調査・研究の質を高めるための糧としたいと考えている。本書を通して御指導・御教示を頂戴できれば，幸いである。

2018年夏
　　いまだ熊本地震の被害の爪痕が残る書斎にて

　　　　　　　　　　　　　　　　執筆者を代表して　伊東維年

目　次

口　絵　　iii

はしがき　　ix

第1章　熊本地震の特徴と被害状況 ─────────伊東維年　　1

はじめに　　1

第1節　熊本地震の特徴　　2

　1．2つの活断層帯で連動して発生した横ずれ断層型の内陸地殻内地震　　2

　2．観測史上前例のない特異な前震・本震・余震型の地震　　6

　3．活動開始後5日間で2,000回を超える頻発地震　　7

　4．熊本県の人口・産業の集積地を襲った地震　　10

第2節　熊本地震の被害状況　　13

　1．人的被害　　13

　2．住宅被害　　18

　3．地域産業の被害　　19

　（1）農林水産業の被害　　19

　（2）製造業の被害　　20

　（3）商業の被害　　22

　（4）観光業の被害　　24

第2章　熊本地震と製造業─被災状況と復旧過程の地域性を中心に─ ─────────鹿嶋　洋　　31

はじめに　　31

第1節　熊本地震被災地の地域経済的特徴　　32

　1．人口・産業特性　　32

　2．熊本県工業の地域的特徴　　34

第2節　製造業の被災状況の概観　　37

第3節　製造業企業の被災と復旧　　38

　1．大企業の立地と被災状況　　38

　2．大企業の復旧過程　　40

　3．アイシン九州㈱の被害と復旧の事例　　42

　4．サプライチェーンへの影響と事業継続計画（BCP）　　45

xiii

5．「グループ補助金」等による復旧・復興支援　46

　第4節　工業団地の被害とその地域的差異　48

　　1．工業団地の被害状況　48

　　2．被害の地域的差異の要因：仮説　51

　むすび　51

第3章　熊本地震と半導体産業—大手半導体メーカーの被害状況と復旧過程—————————————伊東維年　55

　はじめに　55

　第1節　地震に対する半導体産業の脆弱性　57

　第2節　熊本地震に伴うルネサスセミコンダクタマニュファクチュアリング㈱川尻工場の被害状況と復旧過程，およびルネサスエレクトロニクス㈱の損失額　59

　　1．ルネサスセミコンダクタマニュファクチュアリング㈱川尻工場の概況　59

　　2．被害状況　60

　　（1）人的被害　60

　　（2）建屋，付帯設備，生産設備の被害状況　62

　　3．復旧過程　62

　　4．ルネサスエレクトロニクス㈱の損失額　64

　第3節　熊本地震に伴うソニーセミコンダクタマニュファクチャリング㈱熊本テクノロジーセンターの被害状況と復旧過程，およびソニー㈱の損失額　64

　　1．ソニーセミコンダクタマニュファクチャリング㈱熊本テクノロジーセンターの概況　64

　　2．被害状況　66

　　（1）人的被害　66

　　（2）建屋，付帯設備，生産設備の被害状況　67

　　3．復旧過程　70

　　4．ソニー㈱の損失額　71

　第4節　熊本地震に伴う三菱電機㈱パワーデバイス製作所熊本事業所の被害状況と復旧過程，および三菱電機㈱の損失額　73

　　1．三菱電機㈱パワーデバイス製作所熊本事業所の概況　73

　　2．被害状況　75

　　（1）人的被害　75

　　（2）建屋，付帯設備，生産設備の被害状況　75

　　3．復旧過程　77

　　4．三菱電機㈱の損失額　77

第5節　BCP の絶えざる見直しによる耐震対策の強化とメーカー間の相
互協力　78

第4章　熊本地震と酒類産業─清酒業を中心に─ ────中野　元　87

はじめに　87

第1節　熊本地震と清酒業の地理的分布　87

　１．熊本地震と被害状況─過去の地震との比較─　87

　２．酒類産業の地理的分布─地震の影響─　88

第2節　清酒業における被害状況　90

　１．清酒業界の被害状況─補助金申請から把握される被害の内容─　90

　　（１）熊本県中小企業等グループ補助金の申請　90

　　（２）申請の理由─熊本県の地域経済に果たす清酒業界の役割の確認　91

　２．各清酒蔵の被害状況とその特徴　91

　［瑞鷹（株）〜歴史と伝統に彩られた清酒蔵〜］　92

　　（１）被害状況　92

　　（２）被害実態　92

　　（３）今後の復旧・復興に向けた問題点・課題　93

　　（４）2016年10月段階の復旧状況　94

　［（株）熊本県酒造研究所〜健在であった「熊本酵母」〜］　94

　　（１）被害状況　95

　　（２）被害実態　95

　　（３）今後の復旧・復興に向けた課題と復旧状況　96

　［通潤酒造（株）〜歴史的建造物である蔵の激しい損壊〜］　96

　　（１）被害状況　96

　　（２）被害実態　97

　　（３）今後の復旧・復興に向けた課題と復旧状況　97

　［千代の園酒造（株）〜豊前街道宿場町の保存と蔵の改修〜］　97

　　（１）被害状況　98

　　（２）被害実態　98

　　（３）今後の復旧・復興に向けた課題と復旧状況　98

　［（株）美少年〜激しく揺れた菊池四町分地域〜］　99

　　（１）被害状況・被害実態　99

　　（２）今後の復旧・復興に向けた課題と復旧状況　99

　［山村酒造合資会社〜阿蘇地域における交通網の遮断と流通網の混乱〜］
　　100

　　（１）被害状況・被害実態　100

　　（２）今後の復旧・復興に向けた課題と復旧状況　100

　［山都酒造（株）〜迫られる現代的な建物への改修〜］　101

　　（１）被害状況・被害実態　101

　　（２）今後の復旧・復興に向けた課題と復旧状況　101

第3節　ビール業，本格焼酎業の被害状況　102
　1．ビール業　102
　　（1）被害状況　102
　　（2）復旧状況　102
　2．球磨焼酎酒造組合と本格焼酎業　103
　　（1）被害状況と震災の影響　103
　　（2）復旧・復興に向けた支援活動　104
第4節　流通業における被害状況　105
　1．卸売業　105
　　（1）酒造業者の卸売事業部門の被害　105
　　（2）酒類を含めた総合的卸売流通業者の被害　105
　　（3）地元の中小卸売業者の被害状況　106
　2．小売業　107
　　（1）倉庫，店舗の被害状況　107
　　（2）被害規模別の分布（戸数）　107
　　（3）商品損傷の状況　108
第5節　支援体制　108
　1．国の支援体制Ⅰ—国税の申告・納付，書類手続き等に関する弾力的措置—　108
　　（1）熊本県における国税に関する申告・納付等の期限の延長措置　108
　　（2）酒類等製造者に対する措置　109
　　（3）酒類販売業者に対する措置　109
　　（4）その他　110
　2．国の支援体制Ⅱ—被災酒類に係る酒税相当額の特例還付措置—　110
　3．熊本県の支援体制　111
　4．各種の支援　112
第6節　復興への課題と教訓—地域活性化への課題—　113
　1．教訓—震災時での特例措置の連絡体制をスムーズに—　113
　2．長期的減少傾向の克服—熊本地震と課税移出数量の推移—　114
　3．他の地域産業との連携で熊本清酒のさらなる普及へ　115

第5章　熊本地震と商業 ―――――――――山本耕三　119

第1節　筆者の被災体験から　119
第2節　熊本都市圏の小売店舗の被害と復旧—大型店を中心に—　122
第3節　益城町の小売店舗の被害と復旧—仮設商店街を中心に—　125

第6章　熊本地震と熊本県工業連合会の復旧・復興支援活動
―――――――――伊東維年　133

第1節　熊本地震の発生と本章のテーマ　133

xvi

第2節　熊本県工業連合会の概要　135

第3節　熊本地震被災企業に対する熊本県工業連合会の復旧・復興支援活
　　　動　138

　　1．被害等の調査　138
　　　（1）会員企業の被害調査　138
　　　（2）「平成28年度熊本県製造業被災状況アンケート」調査　140
　　　（3）「誘致企業との取引に関するアンケート調査」　145

　　2．要望活動　150
　　　（1）県内経済5団体による中小企業庁長官，熊本県知事等に対する緊急要
　　　　　望書の提出　150
　　　（2）熊本県ものづくり工業会との連名による熊本県知事に対する『ものづ
　　　　　くり企業の熊本地震からの創造的復興に対する要望書』の提出　152
　　　（3）第29回ナショナル・レジリエンス（防災・減災）懇談会における田中
　　　　　稔彦熊本県工業連合会副会長の意見発表　154

　　3．経済産業省主催の「工業団地のリデザインによる地域企業の活性化研
　　　究会」への参加　155

　　4．ものづくり次世代基金の設置　157

　　5．地震復興セミナーの開催　158

　　6．防災産業都市構想フォーラムの設置　159

第4節　熊本県工業連合会の復旧・復興支援活動の評価　161

索引　167

執筆者一覧　171

第1章

熊本地震の特徴と被害状況

伊東維年

はじめに

この地震は何の予兆もなく発生した。2016年4月14日21時26分に熊本県熊本地方を震源とするマグニチュード6.5の地震が発生し，熊本県益城町において最大震度7を観測した。この地震発生以降，熊本地方を震源とする地震活動が活発化し，マグニチュード5.0，最大震度5弱以上の地震が相次いで発生した。さらに，4月16日1時25分には，同じく熊本県熊本地方を震源とするマグニチュード7.3の地震が発生し，熊本県益城町と西原村で最大震度7を記録した（表1-1）。これら一連の地震活動は，その後，熊本県から大分県にかけ広範囲において活発に推移し，熊本県の県央地域を中心に甚大な被害をもたらした。気象庁は，これら一連の地震活動を「平成28年（2016年）熊本地震」（英語名：The 2016 Kumamoto Earthquake）と命名した。また，気象庁では，より規模が大きく，揺れの範囲も広かったことから，4月16日1時25分に発生した地震を「本震」，4月14日21時26分に発生した地震を「前震」としている。本章では，これら一連の地震活動を熊本地震と略称する。

本章の目的は，本題に入る前に，熊本地震の特徴と被害状況を概説することである。熊本地震やその被害状況については，気象庁をはじめ，内閣府，国土交通省，文部科学省，消防庁など国の行政機関や熊本県災害対策本部がそれぞれWebサイトを通して随時，情報を更新し，提供してきている。また，国の行政機関やそれらの下に設けられた各種の委員会が熊本地震に関する報告書を作成している。加えて，植木英貴・山口岳史の論文「平成28年（2016年）熊本地震の特徴と被害特性についての考察」のように研究者による論文も発表され

表1-1　熊本地震の地震活動の状況
（震度6弱以上を観測した地震）

発生時刻	震央地名	マグニチュード	最大震度
4月14日21時26分	熊本県熊本地方	6.5	7
4月14日22時07分	熊本県熊本地方	5.8	6弱
4月15日00時03分	熊本県熊本地方	6.4	6強
4月16日01時25分	熊本県熊本地方	7.3	7
4月16日01時45分	熊本県熊本地方	5.9	6弱
4月16日03時55分	熊本県阿蘇地方	5.8	6強
4月16日09時48分	熊本県熊本地方	5.4	6弱

資料：気象庁報道発表資料「『平成28年（2016年）熊本地震』について（第42
報）」2016年8月31日21時45分発表より筆者作成。

ている。これらを参考に，本章では，前記のように本書の序説として熊本地震
の特徴と被害状況の概要を説明することにしたい。

第1節　熊本地震の特徴

　熊本地震は以下に述べるような4つの特徴を有している。

1　2つの活断層帯で連動して発生した横ずれ断層型の内陸地殻内地震

　2011年3月11日に発生した国内観測史上最大の地震である東北地方太平洋沖
地震（東日本大震災）は，東北・関東地方の陸のプレートとその下に沈み込む
太平洋プレートの境界域（日本海溝付近）で生じた低角逆断層（衝上断層）型
のずれに起因した海溝型地震であった（図1-1）。この地震は，3つの地震が
連動した連動型地震であり，断層の破壊が始まった震源地は三陸沖であったが，
最終的に断層が破壊した震源域は岩手県沖から茨城県沖までの広い領域に及ん
だ[1]。

　これに対して，熊本地震は，1995年1月17日に発生した兵庫県南部地震（阪
神・淡路大震災）と同じ横ずれ断層型の内陸地殻内地震である。兵庫県南部地

1）国土交通省下水道地震・津波対策技術検討委員会（2012）p.1参照。

第1章　熊本地震の特徴と被害状況

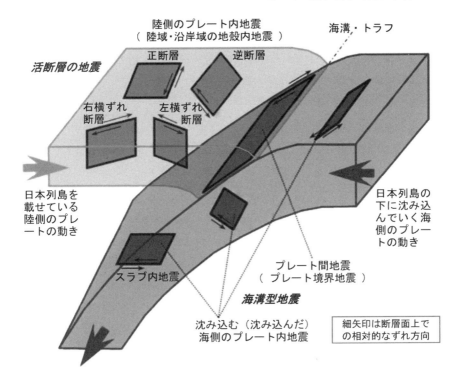

図1-1　日本列島周辺で発生する地震のタイプ

資料：地震調査研究推進本部地震調査委員会『全国地震予測地図　手引き・解説編　2017年版』2017年4月，p. 29。

震は六甲・淡路島断層帯の一部が淡路島北部から阪神地区にかけて活動したことによる横ずれ断層型の地震であった[2]。熊本地震も，発震機構が横ずれ断層型であった点は兵庫県南部地震と同じであるが，布田川断層帯と日奈久断層帯の2つの断層帯が連動して活動したことによって発生した地震であった点では兵庫県南部地震と異なる。

　要するに，熊本地震の第1の特徴は，布田川断層帯と日奈久断層帯の2つの活断層帯で連動して発生した横ずれ断層型の内陸地殻内地震であったことであ

---

[2] 兵庫県南部地震の発震機構については，神戸市（2011）の第1部「第1章　阪神淡路大震災発生のメカニズム」pp.15-24を参照されたい。

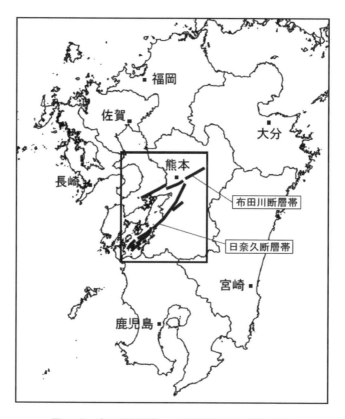

図1-2　布田川断層帯・日奈久断層帯の概略位置図
資料：地震調査研究推進本部地震調査委員会「布田川断層帯・日奈久断層帯の評価（一部改定）」2013年2月1日。

る。
　布田川断層帯は，熊本県南阿蘇村から益城町木山付近を経て宇土半島の先端に至る断層帯である。日奈久断層帯は，熊本県益城町木山付近から芦北町を経て，八代海南部に至る断層帯である[3]（図1-2）。地震調査研究推進本部地震調査委員会の「平成28年（2016年）熊本地震の評価」（2016年5月13日）によると，2016年4月14日21時26分の前震は熊本県熊本地方（北緯32度44.5分，東

3）地震調査研究推進本部地震調査委員会（2013）参照。

第1章　熊本地震の特徴と被害状況

表1-2　熊本地震における2016年4月14日21時26分の前震・4月16日01時25分の本震の震源及び規模等

地震発生時刻	2016年4月14日21時26分	2016年4月16日01時25分
震央地名	熊本県熊本地方	熊本県熊本地方
発生場所 （緯度・経度）	北緯32度44.5分，東経130度48.5分	北緯32度45.2分，東経130度45.7分
発生場所 （深さ）	深さ11km	深さ12km
規模（マグニチュード）	6.5	7.3
最大震度	7（熊本県益城町）	7（熊本県益城町，西原村）
発生機構	北北西－南南東方向に張力軸を持つ横ずれ断層型	南北方向に張力軸を持つ横ずれ断層型
各地の震度 （6弱以上）	震度7 　熊本県：益城町 震度6弱 　熊本県：熊本市東区，西区，南区， 　　玉名市，宇城市，西原村， 　　嘉島町	震度7 　熊本県：益城町，西原村 震度6強 　熊本県：熊本市中央区，東区，西区， 　　菊池市，宇土市，宇城市，合志市， 　　大津町，南阿蘇村，嘉島町 震度6弱 　熊本県：熊本市南区，北区，八代市， 　　玉名市，天草市，上天草市，阿蘇市， 　　美里町，和水町，菊陽町，南阿蘇村， 　　御船町，山都町，氷川町 　大分県：別府市，由布市

資料：内閣府非常災害対策本部「平成28年（2016年）熊本県熊本地方を震源とする地震に係る被害状況等について」2017年10月16日発表及び地震調査研究推進本部地震調査委員会「平成28年（2016年）熊本地震の評価」2016年5月13日より筆者作成。

経130度48.5分，深さ11km）を震源とする地殻内地震であり，発震機構は北北西―南南東方向に張力軸を持つ横ずれ断層型で，日奈久断層帯の高野―白旗区間の活動によると考えられるとしている。また，4月16日1時25分の本震は熊本県熊本地方（北緯32度45.2分，東経130度45.7分，深さ12km）を震源とする地殻内地震で，発震機構は南北方向に張力軸を持つ横ずれ断層型であり，主に布田川断層帯の布田川区間の活動によると考えられるとしている。このように近接した二つの断層帯が連動して活動したことによって発生したのが熊本地震である（表1-2）。

2 観測史上前例のない特異な前震・本震・余震型の地震

気象庁は，一連の地震活動において，最も規模の大きな地震に先立って発生する地震を「前震」，最も規模の大きな地震を「本震」，本震に引き続いて起こる地震を「余震」としている[4]。

また，地震活動のパターンを次の3つに分類している。

大きな地震（本震）が発生し，その後その近くで最初の地震より小さな地震（余震）が続発するような地震活動のパターンを「本震―余震型」，本震―余震の地震活動に先行して本震よりも小さな規模の地震活動（前震）が見られるパターンを「前震―本震―余震型」，目立って大きな地震はないものの，地震活動が激しくなったり穏やかになったりしながら，一定期間続くというパターンを「群発的な地震活動型」と分類している[5]。

気象庁は，当初，2016年4月14日21時26分に発生したマグニチュード6.5の地震を本震，以後の地震を余震と見做し，翌4月15日10時30分に「平成28年4月14日21時26分頃に熊本県熊本地方で発生した地震について，気象庁はこの地震を『平成28年（2016年）熊本地震』と命名しました」[6]と発表した。地震調査研究推進本部地震調査委員会も4月15日時点では気象庁と同じ見方で，「現時点までは，地震活動は本震―余震型で推移しており，4月15日18時現在までの最大の余震は15日00時03分に発生したM6.4（暫定値）の地震で，最大震度6強を観測した。余震活動は減衰傾向が見られるものの活発であり，北東―南西方向に延びる長さ約20kmの領域で発生している」[7]と発表した。

しかし，4月16日1時25分に4月14日の震度を上回るマグニチュード7.3の地震が発生したことから，気象庁は同日未明に記者会見を行い，4月16日のマグニチュード7.3の地震について，4月14日のマグニチュード6.5の地震などを前震とする本震と考えられると発表した[8]。その後，余震が続く中で，気象庁は「平成28年（2016年）熊本地震」の名称を変更しないものとし，4月21日に

4）気象庁のWebページ「地震について」(http://www.jma.go.jp/jma/kishou/know/faq/faq7.html#23，2018年2月26日アクセス）参照。

5）気象庁のWebページ「余震について」(http://www.data.jma.go.jp/svd/eqev/data/aftershocks/kiso_aftershock.html，2018年2月26日アクセス）参照。

6）気象庁報道発表資料「平成28年4月14日21時26分頃の熊本県熊本地方の地震ついて（第4報）」2016年4月15日10時30分発表。

7）地震調査研究推進本部地震調査委員会（2016a）。

6

第1章　熊本地震の特徴と被害状況

「『平成28年（2016年）熊本地震』は4月14日21時26分以降に発生した熊本県を中心とする一連の地震活動を指します」[9]と公表した。

　前述のように，気象庁も，地震調査研究推進本部地震調査委員会も，当初は熊本地震を本震—余震型と見ていたが，4月16日に4月14日の地震を上回る規模の地震が発生したことから，当初の見方を見直し，前震—本震—余震型との見解を示したのである。

　このような異例の展開をたどったのは，気象庁によると「内陸地震ではデータの残る1885年以降，M6.5程度の地震が起きたあとに，さらに大きな地震が発生した例は一度もない」[10]，「同じ場所で震度7が2回起きたのは観測史上初めて」[11]であったからである。観測史上前例のない特異な前震—本震—余震型の地震であったことが熊本地震の第2の特徴である。

3　活動開始後5日間で2,000回を超える頻発地震

　特異といえば，熊本地震の地震回数の多さもそうである。

　気象庁地震火山部の「『平成28年（2016年）熊本地震』の震度1以上の最大震度別地震回数表　平成28年4月14日21時〜平成30年1月31日24時」によると，熊本地震の震度1以上の地震回数は実に累計4,461回にも及んでいる。

　これを月別に見ると，2016年4月（4月14日21時から4月末までの17日間）が最も多く，震度1以上の地震が3,024回も発生している。以後，同年5月529回，6月217回，7月113回，8月111回，9月74回，10月55回，11月42回，12月44回，2017年1月32回，2月18回，3月25回，4月25回，5月28回，6月10回と月を追うごとに減衰している。ここで特徴的なことは，震度1以上の地震が2016年4月に集中的に発生していることである。その比率は，2018年1月31

8）「熊本地震：M7.3『本震』　未明6強，19人死亡　阿蘇，大分でも続発」『毎日新聞』2016年4月16日（夕刊），「連夜の恐怖　収束いつ　周辺活断層も活発　14日の震度7『前震』」『日本経済新聞』2016年4月16日（夕刊）。

9）気象庁報道発表資料「『平成28年（2016年）熊本地震』について（第23報）」2016年4月21日10時30分発表。

10）「『本震』定義はマグニチュード最大　異例震度7『前震』に変更」『中日新聞』2016年4月17日。

11）「2回の震度7　前例なし　気象庁　M3.5以上も最多」『日本経済新聞』2016年4月21日。

7

日24時までの累計地震回数4,461回の67.8%，約7割にも及んでいる。

　このことは，熊本地震の2016年4月14日21時からの震度1以上の日積算回数によっても明らかである。2016年4月14日21時から4月30日までの震度1以上の日積算回数を見ると，4月14日21時～24時120回，15日224回，16日1,223回，17日365回，18日224回，19日170回，20日145回，21日には93回と100回を下回り，以後100回未満で推移し，25日以降は28日の52回を除くと30～40回台で推移している。これによると，震度1以上の地震回数は4月14日から18日までの5日間で2,156回と2,000回を超えている。また，19日までの6日間で2,326回と2018年1月31日24時までの累計地震回数の52.1%と半数を上回っている。これは，何よりも本震が発生した16日だけで震度1以上の地震が1,233回と異常に多く発生したことに他ならない。平均すると，16日には1時間当たり50回余りの地震が発生した勘定になる。

　ちなみに活動開始から15日間の地震回数は，兵庫県南部地震230回，新潟県中越地震680回であるのに対し，熊本地震では2,959回を数え，圧倒的に多い[12]。

　次に2016年4月14日21時から2018年1月31日24時までの最大震度別地震回数を見ると，最大震度7が2回，6強が2回，6弱が3回，5強が5回，5弱が13回，4が120回，3が417回，2が1,216回，1が2,683回となっている。

　同じ場所で震度7が2回起きたのと同様に，一連の地震で震度6弱以上の地震が7回も発生したのは気象庁の観測史上初めてのことである[13]。この最大震度6弱以上の地震は2016年4月14日21時26分から4月16日9時48分までの短期間に発生したものであり（前掲表1-1参照），4月14日から16日にかけての地震がいかに激しいものであったかが解される。

　熊本地震の激しさは，気象庁作成の「内陸及び沿岸で発生した主な地震の地震回数比較（マグニチュード3.5以上）2017年4月30日24時00分現在」（図1-3）からも見出すことができる。活動開始からの経過日数382日間の地震（マグニチュード3.5以上）の積算回数は，熊本地震では340回に達しており，「平成16年（2004年）新潟県中越地震（M6.8）」「平成20年（2008年）岩手・宮城内陸地震（M7.2）」「平成7年（1995年）兵庫県南部地震（M7.3）」などと比

---

12) 中山雅晴（2017）p.4, 気象庁地震火山部（2018）参照。

13) 中山雅晴（2017）p.4, 熊本県土木部道路都市局下水環境課（2017）p.5。

第 1 章　熊本地震の特徴と被害状況

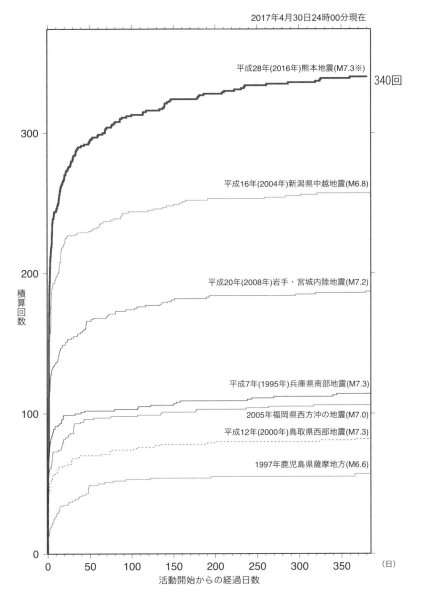

図 1 - 3　内陸及び沿岸で発生した主な地震の地震回数比較（マグニチュード3.5以上）

注：※印がついている熊本地震の積算回数は速報値である。また，主に熊本県熊本地方の地震の積算回数を示している。

資料：気象庁「内陸及び沿岸で発生した主な地震の地震回数比較（マグニチュード3.5以上）」(http//www.data.jma.go.jp/svd/eqev/data/2016_04_14_kumamoto/kaidan.pdf，2018年3月3日アクセス)。

較すると大幅に多い。

　あまりにも地震の回数が多く，地震が激しいので，筆者らでも，地震の大凡の震度をテレビで発表される前に言い当てることができるようになったほどである。それほど頻度が高く激しい地震であったことが熊本地震の第3の特徴である。

4　熊本県の人口・産業の集積地を襲った地震

　気象庁の震度階級は「震度0」「震度1」「震度2」「震度3」「震度4」「震度5弱」「震度5強」「震度6弱」「震度6強」「震度7」の10階級である。

　『気象庁震度階級の解説』（2009年3月）により「震度と揺れ等の状況（概要）」を見ると，震度6弱の場合には，

「●立っていることが困難になる.

　●固定していない家具の大半が移動し，倒れるものもある.ドアが開かなくなることがある.

　●壁のタイルや窓ガラスが破損，落下することがある.

　●耐震性の低い木造建物は，瓦が落下したり，建物が傾いたりすることがある.倒れるものもある」[14]と，耐震性の低い木造建物（住宅）が倒壊する危険性が生じる。

　熊本地震で観測された最大震度7の場合には，

「●耐震性の低い木造建物は，傾くものや，倒れるものがさらに多くなる.

　●耐震性の高い木造建物でも，まれに傾くことがある.

　●耐震性の低い鉄筋コンクリート造の建物では，倒れるものが多くなる」[15]と説明されている。

　図1-4は，気象庁が作成した熊本地震における本震の震央近傍の震度分布図である。震度は，震度計が置かれている地点での観測値であり，同じ市町村であっても場所によって震度が異なることがある。平成の大合併により市町村域が大幅に拡大したところでは，同一市町村内でも場所による震度の違いはより大きくなる。

14）気象庁（2009）p.2。

15）同前。

10

第1章　熊本地震の特徴と被害状況

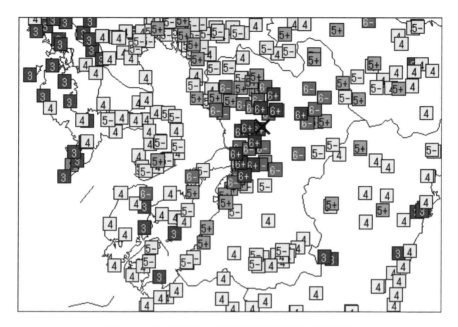

図1-4　熊本地震における本震の震央近傍の震度分布

注：×印は震央を表す。
資料：福岡管区気象台・熊本地方気象台地震解説資料第7号「『平成28年（2016年）熊本地震』について」2016年4月16日4時40分発表。

　一方，経済や産業に関する統計の殆どが県単位あるいは市町村単位で集計されている。

　これらのことを前提にして，2016年4月16日1時25分発生の本震において震度6弱以上を観測した熊本県内の21市町村について，熊本地震発生前の人口（2015年），農業産出額（推計，2015年），製造品出荷額等（2014年），年間商品販売額（2014年），15歳以上就業者数（2015年），市町村内総生産（2014年度），およびこれら6指標ごとの21市町村の合計と県計（県内市町村計）に占める21市町村合計の比率（％）を表したのが表1-3である。

　この表1-3によると，本震において震度6弱以上を観測した熊本県内の21市町村は，熊本地震発生前には，人口では県計の82.6％，農業産出額では県計の76.7％，製造品出荷額等では県計の79.3％，年間商品販売額では県計の90.0％，15歳以上就業者数では県計の82.5％，市町村内総生産では県内市町村

11

表 1-3　熊本県内21市町村の人口・農業産出額・製造品出荷額等・年間商品販売額・15歳以上就業者数・市町村内総生産

2016年 4月16日 1時25分 最大震度	市町村	人口 2015年 （単位：人）	農業産出額 （推計） 2015年 （単位：千万円）	製造品 出荷額等 2014年 （単位：万円）	年間商品 販売額 2014年 （単位：百万円）	15歳以上 就業者数 2015年 （単位：人）	市町村内 総生産 2014年度 （単位：百万円）
震度7	上益城郡益城町	33,611	636	5,958,239	74,256	15,749	130,391
	阿蘇郡西原村	6,802	345	3,511,915	7,889	3,679	31,964
震度6強	熊本市	740,822	4,610	39,134,854	2,052,451	340,861	2,353,504
	菊池市	48,167	3,848	15,167,808	101,114	23,813	176,399
	宇土市	37,026	440	7,861,512	68,852	17,344	106,187
	宇城市	59,756	1,842	11,272,115	74,868	28,798	181,219
	合志市	58,370	733	23,842,605	94,207	26,416	198,178
	菊池郡大津町	33,452	683	20,261,548	86,805	16,265	139,806
	阿蘇郡南阿蘇村	11,503	461	251,824	7,914	5,399	35,192
	上益城郡嘉島町	9,054	117	3,296,427	97,337	4,421	57,696
震度6弱	八代市	127,472	3,706	24,068,616	220,862	59,562	396,375
	玉名市	66,782	2,189	4,769,955	73,838	31,192	171,363
	上天草市	27,006	286	1,051,884	25,923	12,147	75,122
	阿蘇市	27,018	1,475	6,935,364	37,791	13,516	110,239
	天草市	82,739	1,132	2,812,262	118,133	37,456	205,115
	下益城郡美里町	10,333	164	321,147	6,014	4,820	19,227
	菊池郡菊陽町	40,984	417	21,389,529	95,196	19,246	172,791
	玉名郡和水町	10,191	444	2,714,511	5,895	4,870	28465
	上益城郡御船町	17,237	445	977,673	33,994	8,436	44,066
	上益城郡山都町	15,149	1,039	553,632	10,562	8,166	37,665
	八代郡氷川町	11,994	669	55,820	8,264	5,858	23,918
21市町村合計〈A〉		1,475,468	25,681	196,209,240	3,302,165	688,014	4,694,882
熊本県合計（市町村計）〈B〉		1,786,170	33,480	247,403,545	3,669,910	834,257	5,609,811
県計に占める比率〈A/B〉（%）		82.6	76.7	79.3	90.0	82.5	83.7

注：市町村内総生産の比率＜A／B＞（%）は熊本県内の市町村計に対する比率（%）である。
資料：総務省統計局「平成27年国勢調査結果」，熊本県農林水産部『平成27〜28年度熊本県農業動向年報』，経済産業省大臣官房調査統計グループ「平成26年工業統計表『市区町村編』データ」，経済産業省大臣官房調査統計グループ『平成26年商業統計表第3巻産業編（市区町村表）』，熊本県統計調査課「平成26年度市町村民経済計算」より筆者作成。

計の83.7％と，いずれの指標においても県計（県内市町村計）の4分の3を超えるほどの高い比率を占めていた。

　前記のように同じ市町村であっても場所によって震度が異なることがあるため，実際に震度6弱以上の地震が起こった地域だけの数値を表すことができれば，前記6指標の比率はいずれもより低くなるであろう。そのようなことを勘

12

第1章　熊本地震の特徴と被害状況

案しても，前記6指標の比率の高さからすれば，本震において震度6弱以上の地震が起こった地域が熊本県の人口・産業の集積地であったことに変わりはないと言えよう。

　要するに，熊本地震では，耐震性の低い木造建物（住宅）が傾いたり，倒れるような強い地震，さらにはそれ以上の激しい地震が県の人口・産業の集積地を襲ったのである。これが熊本地震の第4の特徴である。

　以上，熊本地震の4つの特徴を挙げた。これらの特徴を有した熊本地震がどれほどの被害を与えたのか，熊本県内の被害状況の概要を次節で説明することにしよう。

第2節　熊本地震の被害状況

　熊本地震の被害状況については広範囲に及んでいるが，ここでは人的被害及び住宅被害と，本書において研究対象とした地域産業（熊本県の産業）の被害についてその概要を述べることにしたい。

1　人的被害

　総務省消防庁応急対策室が2018年2月14日に発表した「熊本県熊本地方を震源とする地震（第111報）」によると，熊本地震による家屋倒壊や土砂災害等による死者は熊本・大分両県を合わせて258人，重軽傷者は熊本，大分，福岡，佐賀，宮崎の5県を合わせて2,796人に及んでおり，多くの震源地を有する熊本県が死者・重軽傷者ともに最も多い。

　熊本県危機管理防災課が2018年1月23日に発表した「平成28（2016）年熊本地震等に係る被害状況について【263報】（速報値）」によると，熊本県内の死者は255人を数える。その内訳は，①警察が検視により確認している死者数（直接死）50人，②市町村において災害弔意金の支給等に関する法律に基づき災害が原因で死亡したものと認められたもの（関連死）200人，③2016年6月19日から6月25日に発生した豪雨による被害のうち熊本地震との関連が認められた死者数（二次災害の死者）5人となっている。

　熊本県危機管理防災課が2018年1月12日に発表した「同【262報】（速報値）」によると，熊本県内の重軽傷者は，①熊本地震による被害者2,720人，②2016

13

**表1－4　熊本地震による熊本県内の市町村別死者数
（2018年1月23日現在）**

（単位：人）

市町村名	直接死	関連死	二次災害死	合　計
熊本市	4	76	2	82
宇土市	0	10	2	12
宇城市	0	10	0	10
美里町	0	1	0	1
菊池市	0	4	0	4
合志市	0	7	0	7
大津町	0	4	0	4
菊陽町	0	6	0	6
阿蘇市	0	20	0	20
高森町	0	3	0	3
南阿蘇村	16	13	0	29
西原村	5	3	0	8
御船町	1	9	0	10
嘉島町	3	2	0	5
益城町	20	21	0	41
甲佐町	0	3	0	3
山都町	0	3	0	3
八代市	1	3	0	4
氷川町	0	2	0	2
上天草市	0	0	1	1
合　計	50	200	5	255

注：この数値は速報値であり，確定値ではない。
資料：熊本県危機管理防災課「平成28（2016）年熊本地震等に係る
　　　被害状況について【第263報】」（2018年1月23日発表）の表
　　　「市町村別死者数」を一部修正して掲載。

年6月19日から6月25日に発生した豪雨による被害のうち熊本地震との関連が認められた被害者3人で，合計2,723人に及んでいる。

　熊本県内の市町村別の死者数は表1－4の通りで，本震において最大震度6強を観測し，関連死者数が多い熊本市が82人と最も多い。次いで2016年4月14日21時26分発生の前震及び本震の2回の地震においていずれも最大震度7を観測し，県内で直接死が最も多い益城町が41人に上っている。続いて本震におい

第 1 章　熊本地震の特徴と被害状況

表 1 - 5　兵庫県南部地震における兵庫県の死者の内訳

(単位：人，％)

区　分		死者数	構成比
直接死		5,483	85.6
	窒息・圧死	3,979	62.2
	外傷性ショック	425	6.6
	焼死	403	6.3
	頭・頸部損傷	172	2.7
	内臓損傷	68	1.1
	その他	143	2.2
	不詳及び不明	293	4.6
関連死		919	14.4
合　　計		6,402	100.0

資料：兵庫県「阪神・淡路大震災の死者にかかる調査
　　　について」2005年12月22日記者発表より筆者作
　　　成。

　て最大震度 6 強を観測し，大規模な土砂崩れや家屋の倒壊が発生した南阿蘇村
が29人，また本震において最大震度 6 弱を観測した阿蘇市が関連死だけで20人
を数える。以下，宇土市12人，宇城市・御船町の各10人と続き，その他の市町
村は10人未満に留まっている。
　熊本地震の本震のマグニチュード7.3，最大震度 7 は兵庫県南部地震（阪
神・淡路大震災）の場合と同じでありながらも，熊本地震の熊本県の死者数，
重軽傷者数は兵庫県南部地震による兵庫県の死者数（6,402人）の約25分の 1，
重軽傷者数（ 4 万92人）[16]の14分の 1 以下と非常に少ない。兵庫県南部地震は
1995年 1 月17日午前 5 時46分という冬季の早朝に発生した地震で，人口・住宅
が密集した神戸市市街地に特に甚大な被害を及ぼした。自宅で就寝中の者が多
かったため，多くの木造住宅の倒壊に加え火災の発生により窒息・圧死，外傷
性ショック，焼死などで兵庫県のみで6,000人を超える死者を出した[17]（表 1 -
5 ）。兵庫県南部地震が引き起こした災害が大都市型の地震災害であったのに
対し，熊本地震のそれは地方都市・中山間地域型の地震災害であった[18]。言い
換えれば，熊本地震の被災地域は兵庫県南部地震の被災地域ほどの人口・住宅

16）兵庫県南部地震（阪神・淡路大震災）による兵庫県の死者数，重軽傷者数については兵
　　庫県企画管理部災害対策局災害対策課（2006）による。
17）三井康壽（2013）p.29，桂　正孝（1995）p.591参照。

15

密集地ではなかった。また熊本地震では，前震の発生後避難していた人が多く，幸いにして火災の発生が少なかった。このため，住宅被害が少なく，夜間に発生し，自宅で就寝中の者が多かったものの，人的被害は少なかった。

　熊本地震の人的被害でさらに指摘しておかなければならないことは，直接死より関連死が圧倒的に多いことである。前述のように熊本地震による死者は2018年1月23日時点で255人，うち直接死50人に対し関連死は二次災害の死者5人を含め205人と直接死の約4倍にも上っている。構成比で見ると，直接死19.6％，関連死80.4％となる。兵庫県南部地震による兵庫県の死者についてその内訳をみると，直接死5,483人（85.6％），関連死919人（14.4％）と，熊本地震の場合と全く逆で，直接死が関連死の約6倍に及んでいる（前掲表1-5参照）。

　熊本県健康福祉部健康福祉政策課が2018年3月12日に公表した『震災関連死の概況について』によると，熊本地震の災害関連死として2017年12月末までに認定された県内197人の死因の内訳は，呼吸器系疾患（肺炎，気管支炎など）が56人（28.4％）と最も多く，次いで循環器系疾患（心不全，くも膜下出血など）が55人（27.9％），以下，内因性の急死，突然死等28人（14.2％），自殺16人（8.1％），感染症（敗血症など）14人（7.1％），腎尿路生殖器系疾患（腎不全など）6人（3.0％），消化器系疾患（肝不全など）3人（1.5％），その他（アナフィラキシーショック，出血性ショックなど）19人（9.6％）となっている。地震前に何らかの既往症があった人が172人（87.3％）で，地震発生から3か月以内に死亡した人が167人（84.8％）を占めている[19]（表1-6）。

　死亡時の年齢は，80歳代が最多の70人（35.5％），70歳代が41人（20.8％），90歳代が39人（19.8％），60歳代が27人（13.7％），50歳代が9人（4.6％），30歳代が4人（2.0％），100歳以上が3人（1.5％），10歳未満が2人（1.0％），40歳代と10歳代がそれぞれ1人（0.5％）という状況である。災害時に何らかの支援を要する70歳以上の人が153人（77.7％）と約8割を占めている。また10未満の2人の中には，母親が妊娠中に被災し，生後3週間で敗血症により亡

18）高梨成子氏は，災害の事象によって地震災害の種類を，広域・複合型，都市型，地方都市・中山間地型，中山間地型，地方中小都市型の5つに類型化し，熊本地震の災害を地方都市・中山間地型としている。高梨成子（2016）p.1。

19）熊本県健康福祉部健康福祉政策課（2018）p.2，p.4参照。

第 1 章　熊本地震の特徴と被害状況

表 1 - 6　熊本地震による熊本県の震災関連死の死因別・死亡時の年齢別・死亡原因別の人数・構成比（2017年12月末現在）

（単位：人，％）

死　因　分　類	人　数	構成比	死亡時の年齢	人　数	構成比
呼吸器系の疾患(肺炎，気管支炎など)	56	28.4	100歳以上	3	1.5
循環器系の疾患(心不全，くも膜下出血など)	55	27.9	90歳代	39	19.8
内因性の急死，突然死等	28	14.2	80歳代	70	35.5
自殺	16	8.1	70歳代	41	20.8
感染症(敗血症など)	14	7.1	60歳代	27	13.7
腎尿路生殖器系疾患(腎不全など)	6	3.0	50歳代	9	4.6
消化器系疾患(肝不全など)	3	1.5	40歳代	1	0.5
その他(アナフィラキシーショック，出血性ショックなど)	19	9.6	30歳代	4	2.0
合　計	197	100.0	20歳代	0	0.0
死亡原因（複数選択）	人　数	構成比	10歳代	1	0.5
地震のショック，余震への恐怖による肉体的・精神的負担	100	40.2	10歳未満	2	1.0
避難所等生活の肉体的・精神的負担	74	29.7	合　計	197	100.0
医療機関の機能停止等(転院を含む)による初期治療の遅れ	43	17.3			
電気，ガス，水道等の途絶による肉体的・精神的負担	13	5.2			
社会福祉施設等の介護機能の低下	7	2.8			
交通事情等による治療の遅れ	1	0.4			
多量の塵灰の吸引	1	0.4			
その他(倒壊した家屋による外傷など)	10	4.0			
合　計	249	100.0			

注：原因の「医療機関の機能停止等（転院を含む）による初期治療の遅れ」には，既往症の悪化及び疾病の発症を含んでいる。
資料：熊本県健康福祉部健康福祉政策課『震災関連死の概況について』2018年 3 月12日より筆者作成。

くなった女児も含まれている[20]。

　直接死に比べ関連死が多い原因としては，①2016年 4 月14日，4 月16日と最大震度 7 の地震が発生し，その後も長期的に大小の揺れを感じる余震が継続したため，何らかの持病を持った人や体力の劣る高齢者などに，地震のショック，余震への恐怖による肉体的・精神的負担を与えたこと，②長期にわたる避難所等生活の肉体的・精神的負担を強いられたこと，③熊本市の防災拠点施設である熊本市民病院が被害を受けるなど，医療機関の機能停止等による初期治療の

───────
20)　同前，p.2,「熊本地震後の自殺16人　県，関連死の死因初公表」『朝日新聞』2017年 9 月27日参照。

17

遅れが生じたこと，④ライフラインである電気，ガス，水道等の途絶による肉体的・精神的負担に耐えられなかったこと，⑤介護を必要とする人が社会福祉施設等の介護機能の低下で十分な介護を受けられなかったことなどが挙げられる（前掲表1‐6参照）。

2　住宅被害

　前掲の総務省消防庁応急対策室2018年2月14日発表の「熊本県熊本地方を震源とする地震（第111報）」によると，熊本地震による住宅被害は，鹿児島県を除く九州内の6県と山口県に及んでおり，全壊8,667棟，半壊3万4,643棟，一部破損16万2,460棟，床上浸水114棟，床下浸水156棟と合計20万6,040棟に上る。

　住宅被害が最も多かったのは，死者と同様に熊本県で，熊本県危機管理防災課が2018年1月12日に発表した「平成28（2016）年熊本地震等に係る被害状況について【262報】（速報値）」によると，①熊本地震による住宅被害が，全壊8,652棟，半壊3万4,312棟，一部破損15万3,985棟，②2016年6月19日から6月25日に発生した豪雨による被害のうち熊本地震との関連が認められた住宅被害が，全壊15棟，半壊100棟，床上浸水114棟，床下浸水156棟，一部破損9棟で，合計19万7,343棟を数える。

　熊本県の住宅被害は，熊本市，宇城市，益城町，御船町，南阿蘇村，西原村を中心に，県内のほぼ全域に広がっている。中でも，本震で最大震度6強を観測し，熊本県内最多の住宅数を擁する熊本市に集中しており，全壊2,457棟，半壊1万5,216棟，一部破損10万4,248棟で，合計12万1,921棟に達する。この熊本市の住宅被害棟数は，熊本地震による全住宅被害棟数の59.2％，熊本県内の全住宅被害棟数の61.8％を占めている[21]。

　兵庫県南部地震による兵庫県の住宅被害は，全壊10万4,004棟，半壊13万6,952棟，一部破損29万7,811棟，合計53万8,767棟に達しているので[22]，熊本地震による熊本県の住宅被害は前者の4割にも届かない。兵庫県南部地震による兵庫県の住宅被害と比較して，熊本地震による熊本県の住宅被害が大幅に少なかったのは，前述のように熊本地震の被災地域が兵庫県南部地震の被災地域

21）住宅被害棟数は，罹災証明申請件数ベースの市町村もあるため，複数の世帯が入居するマンションなどは重複の可能性がある。

22）兵庫県南部地震による兵庫県の住宅被害については注16）と同じ。

ほどの住宅密集地ではなかったことが最も大きな要因であるが，それ以外にも建築基準法の改正による耐震基準の見直しが行われたことが影響しているものと考えられる。兵庫県南部地震によって多くの木造住宅が倒壊したため，2000年に建築基準法が改正され，その耐震基準が大きく変更された結果，木造住宅の耐震性が向上した。これが熊本地震の住宅被害を少なくし，延いては人的被害を少なくしたと言えよう。この点も熊本地震による人的被害が少なかった要因として忘れてはならない。

　なお熊本地震によって，宅地についても，宅地擁壁の崩壊，地盤の亀裂や陥没，噴砂，液状化等の被害が生じている。宅地被害は，熊本県の推計で県内約1万5,000件，熊本市の推計で市内約7,200件に上る[23]。

3　地域産業の被害
（1）農林水産業の被害

　熊本県農林水産部が2017年4月10日に公表した「平成28年熊本地震による農林水産関係被害　第6報」によると，熊本地震による熊本県の農業関係の被害については，①農地等において田・畑での法面崩壊や亀裂・クラック，液状化の発生，ため池，用排水路，用排水機等の農業施設及び農地海岸施設の損壊等，②農業施設において園芸施設の損壊，畜舎，農舎等の倒壊，選果場，カントリーエレベーター等の共同利用施設の損壊等，③農作物ではいちご，なす，アスパラガス，トマト，乳用牛，花卉等の被害が確認されている。

　林業関係の被害では，山腹崩壊やそれに伴う立木被害，林道施設・林産施設（木材加工施設，共同利用施設）等の損傷が発生している。

　水産関係の被害では，漁港の防波堤・護岸の破損，荷捌き所の損傷，養殖施設（のり加工施設，池，水槽，配管，ポンプ）の破壊等が生じている。また，山腹崩壊等により河川に土砂が流入し，河口域に土砂が広範囲に堆積したことが原因で，アサリ等のへい死が確認されている。

　同報では，2017年4月10日時点での農林水産関係被害額は，農業関係被害額1,305億4,172万8,000円，林業関係被害額438億853万8,000円，水産関係被害額

23）熊本県及び熊本市の宅地被害の件数については，熊本県土木部都市計画課（2016），熊本市都市政策部開発景観課（2017）による。

33億7,969万6,000円，合計1,777億2,996万2,000円に上ると推計している。

（2）製造業の被害

　熊本地震の震源地に近く震度が大きい熊本市，菊池市，宇城市，合志市，菊陽町，大津町，嘉島町といった地域は，地場企業のみならず，誘致企業及びその関連企業が展開する県内製造業の集積地であり，それだけに熊本地震が熊本県の製造業に与えた影響は大きなものであった。半導体関連産業，自動車関連産業，食料品製造業など県経済を支える主要産業に属する多くの企業が建屋，付帯設備，製造装置の損壊，部品，材料の破損，地盤の亀裂・傾斜等の被害を受け，操業停止や生産活動の縮小を余儀なくされた。

　熊本地震の発生後，熊本県商工観光労働部産業支援課をはじめ，公益財団法人くまもと産業支援財団，一般社団法人熊本県工業連合会，熊本県産業技術振興協会が県内企業に対し被害状況等の聞き取り調査を行っている。

　熊本県商工観光労働部は，それらの聞き取り調査の結果を受け取り，その概要を「県内企業等の被災状況について」及び「商工観光労働部関係被害状況及び対応状況について」において2016年5月1日まで順次報告している。これらの報告資料により，熊本県産業支援課及び各機関の聞き取り調査の結果を見ると，次の通りである。

　熊本県産業支援課は，熊本地震発生後，リーディング支援企業に対し電話等により被害状況の聞き取り調査を行い，2016年4月22日17時時点までに連絡が取れた31社のうち十数社から建物や設備の被害の報告を受けた。これらの中には，天井の落下や機材へ大きな被害が生じたという報告も寄せられた[24]。

　くまもと産業支援財団が，4月19日に，震災被害の激しい益城町及びその周辺の企業23社に問い合わせたところ，14社（60.9%）から建物や設備の被害報告が寄せられ，4社（17.4%）とは電話が通じなかった[25]。

　熊本県工業連合会の調査によると，主な県内企業約40社のうち6割に当たる24社において建物，設備等に被害が生じているという状況であった[26]。

　熊本県産業技術振興協会が行った会員（238社）への聞き取り調査では，連

24）熊本県商工観光労働部（2016c）参照。
25）熊本県商工観光労働部（2016b）参照。
26）注24）と同じ。

絡が取れた会員のうち約6割の企業から建物や機械設備等の被害により操業を停止または縮小しているなどの報告を受けた[27]。

これらの調査結果をもとに，熊本県商工観光労働部は，2016年5月4日の「商工観光労働部関係被害状況及び対応状況について」において地場企業関係の被害状況として，熊本地震「発生直後から県及び各機関において県内企業への被害状況の聞き取り調査を行い，連絡が取れた企業のうち約6割の企業から建物や機械設備等への被害の報告が寄せられている」と集約している。

また一方で，熊本県商工観光労働部は，前震発生の翌日，2016年4月15日から県内の誘致企業に対しても電話等により被害状況の聞き取り調査を行っている。それによると，同年4月22日15時現在，県内の誘致企業のうち，電話等で連絡が取れた47社についての被害状況は，大きな人的被害は確認されていないが，十数社から建物や設備被害の報告が寄せられており，生産が停止し，復旧の目途が立っていない企業も生じているというものであった[28]。

熊本地震の発生により電気・ガス・水道（上水道，下水道）等の公共公益設備や通信設備，輸送（交通）システムなどライフラインが被害を受けたため操業停止に陥った企業や，被害が軽微であった企業は，ライフラインの復旧，短期間の修復によって早期に操業を再開することができたが，被害が甚大であった企業は操業再開に長期間を要した。

例えば，震源地に近い嘉島町に立地するサントリービール㈱九州熊本工場は，地震によって天井・側壁の落下，生産ラインのコンベアや製造装置の倒壊，ビールの発酵タンクの傾き，地下水と生産設備を結ぶ地中配管の寸断など甚大な被害を受けた。同工場では，建物構造の調査から開始し，その後生産再開に向けて本格的な復旧作業に取り組み，2016年11月8日にビールの仕込みが7か月振りに再開，12月に飲食業向けの樽，翌2017年1月末に缶ビールの地震後初出荷，4月28日に清涼飲料水の缶商品の製造ライン再開，6月13日にペットボトル商品の製造ラインが再開した。同工場では操業停止から生産の一部再開まで約7か月，全面再開まで1年2か月もの期間を要した[29]。

また，熊本地震による製造業企業の操業停止はサプライチェーンを分断し，

27）熊本県商工観光労働部（2016d）参照。
28）同前。

県内外の企業に影響を及ぼした。アイシン精機㈱の子会社で熊本市南区城南町において自動車の内装系・外装系部品を製造するアイシン九州㈱は，前震でトランスが故障して製造ラインが停止し，その復旧に着手したのもつかの間，本震で重量物を搬送する天井のクレーンが500トンの大型プレス機の上に落下，自動車部品の金型が工場の壁を突き破り，屋外に飛び出すほどの被害に遭った[30]。アイシン九州はドアの開閉を調節するドアチェクについてトヨタ自動車向けのほぼ全量（月産90万個）を生産していたため，トヨタ自動車㈱はアイシン九州の操業停止によって2016年4月18日から同月23日にかけてグループ企業を含め国内15工場における完成車組み立てラインを段階的に一時停止した[31]。このほか，アイシン九州の操業停止は，部品を供給している三菱自動車㈱水島製作所の軽自動車生産ラインの稼働停止などの影響を及ぼした[32]。

　地震の被害が大きかった企業の中には，液晶パネル製造用フォトマスクを生産していたHOYA㈱マスク事業部熊本工場（熊本県菊池郡大津町）のように生産再開を断念したところも出ている[33]。

（3）商業の被害

　商業においては，熊本地震に伴うライフラインの寸断，サプライチェーンの分断，店舗の損壊などにより，熊本都市圏や阿蘇地域を中心に，多くの事業者が被害に遭った。

---

29) サントリーホールディングス㈱のニュースリリース「サントリー九州熊本工場『ザ・プレミアム・モルツ』仕込再開」2016年11月8日，「サントリー九州熊本工場『ザ・プレミアム・モルツ』樽生出荷再開」2016年12月13日，「サントリー九州熊本工場『ザ・プレミアム・モルツ』缶出荷再開」2017年1月31日，「『サントリー九州熊本工場』清涼飲料缶商品製造再開」2017年4月28日，「サントリー九州熊本工場　清涼飲料ペットボトル商品の製造再開」2017年6月9日，及び熊本県企業誘致連絡協議会（2017）pp.7－8参照。

30) アイシン精機㈱のニュースリリース「熊本県熊本地方を震源とする地震の被害に関するお知らせ（第2報）」2016年4月22日，熊本県企業誘致連絡協議会（2017）pp.5－6参照。

31) トヨタ自動車㈱のニュースリリース「工場稼働に関するお知らせ」2016年4月17日，「製造拠点，相次ぐ停止　トヨタ，全国の工場に波及　熊本地震」『朝日新聞』2016年4月18日，熊本県企業誘致連絡協議会（2017）p.5参照。

32) 「拠点被災，供給不安　アイシン停止，トヨタ以外も影響　熊本地震」『朝日新聞』2016年4月16日（大阪本社版）参照。

33) HOYA㈱のニュースリリース「平成28年熊本地震による影響に関するお知らせ（続報）」2016年6月20日。

第1章　熊本地震の特徴と被害状況

　本震の翌日に当たる2016年4月17日12時点で見ると，熊本県内におけるセブンイレブン，ローソン，ファミリーマートのコンビニエンスストア主要3社の合計593店舗のうち169店舗（28.5％）が，またイオン，イズミ，サンリブ，西友のスーパーマーケットの4社合計57店舗のうち28店舗（49.1％）が休止した[34]。

　このような事態も次第に改善され，同年4月末までに，コンビニエンスストアでは休止中が6店舗にまで減少し，営業店舗の比率は99.0％と，休止した店舗の殆どが営業を再開した。一方，スーパーマーケットでは，57店舗のうち，大きな被害を受けた7店舗が休止中で[35]，営業再開まで長期間を要した。

　勿論，熊本地震による商業の被害は，小売業のみならず卸売業にも，個人商店，商店街，複合商業施設にも及んでおり，地域的な差異も見られた。

　商業施設の被害が集中した地域は，前震・本震ともに最大震度7を観測した益城町である。益城町の主要道である県道28号熊本高森線沿線に所在する商業施設には甚大な被害が生じた。多くの商業者が営業の休止や縮小，もしくは廃業を余儀なくされる事態となった。商業者の町外流出による町の活力喪失を防ぐため，町役場・商工会・一般社団法人まちづくり益城の3者が連携し，町内3か所において被災店舗による仮設商店街が整備され，今もって2か所が営業を続けている。益城町では県道28号線の拡幅工事が計画され，県道沿いでの店舗再建を逡巡する動きも出ている[36]。

　商店街として被害が目立ったのが熊本市東区の健軍商店街であろう。健軍商店街は，熊本市の東部エリアの中心に位置し，約280mのアーケードに八百屋，総菜店，茶販売店，靴屋など58店舗が並ぶ地域密着型の商店街である。益城町に近く，本震によって深刻な被害に遭った。核店舗であったスーパー「サンリブ健軍店」が倒壊し，商店街のアーケードの柱にもたれかかり，アーケードの一部も大きく損壊し，付近の道が一時通行止めとなった。「商店街全体では大規模半壊以上の建物が7棟。商店街が所有する共同管理ビルも半壊し，商店街事務所はその機能を失った」[37]。商店街の理事たちによって復興委員会が組織

34）内閣府非常災害対策本部（2016a）参照。
35）内閣府非常災害対策本部（2016b）参照。
36）熊本県益城町（2017）pp.179-180，全国商店街支援センター（2017）pp.38-39参照。
37）全国商店街支援センター（2016）p.4。

23

され，「建物損壊やアーケードの一部通行止めの影響で営業ができない店舗を除き，25軒ほどが震災から1週間以内で営業を再開」[38]した。2017年2月にアーケードの修復工事が完了，同年8月3日には「サンリブ健軍店」が「マルショク健軍店」と名を変え，営業を再開し[39]，ようやく賑わいが戻った。それまで1年4か月近くの期間を要した。

　複合商業施設で最も被害が大きかったのが熊本県嘉島町に所在するイオンモール熊本である。サブ核ゾーン，西モール，東モール，核店舗（イオン熊本店）から構成されるイオンモール熊本は，熊本地震により，液状化による地盤沈下，天井及び設備機器等の落下，外壁や床タイルの破損等大きな被害を受けた。2016年4月14日の前震の翌日，4月15日から全館の営業を休止，直ちに被害の確認・復旧作業に取り組み，同年4月20日から核店舗のイオン熊本店が1階のみを営業再開させたのを皮切りに，順次にモール内の修復，店舗街の営業再開を進め，翌2017年3月24日に，増床建替えする一部サブ核ゾーンを除き，全館での営業を再開した。イオンモール熊本の施設所有者であるイオンリート投資法人は，2016年7月15日に熊本地震によるイオンモールの被害額が85億5,000万円に上る見込みであることを発表した[40]。

（4）観光業の被害

　熊本地震は熊本県の観光業にも大きな被害をもたらした。熊本市観光のシンボル的存在である熊本城（写真1-1）をはじめ，県内の多くの観光施設や文化施設が熊本地震によって被災した。また，観光を支える交通網が寸断され，旅館やホテルといった宿泊施設も被害を受けた。

38）全国商店街支援センター（2016）p.4。

39）「地震で被災，倒壊のスーパー再開　熊本・東区」『朝日新聞』2017年8月3日（夕刊，西部本社版）参照。

40）イオンリート投資法人のプレスリリース「熊本県熊本地方地震の影響に関するお知らせ」2016年4月15日，「熊本県熊本地方地震の影響に関するお知らせ（続報）」2016年4月18日，『『平成28年熊本地震』の影響に関するお知らせ（第3報）』2016年4月28日，『『平成28年熊本地震』の影響に関するお知らせ（第5報）並びに平成28年7月期（第7期）及び平成29年1月期（第8期）の運用状況の予想及び分配予想の修正に関するお知らせ」2016年7月15日，イオンモール㈱のニュースリリース『『イオンモール熊本』2017年3月24日（金）全館 OPEN！」2017年2月17日参照。

第1章　熊本地震の特徴と被害状況

写真1-1　熊本地震により被災した熊本城
資料：熊本城総合事務所提供。

　とりわけ県内有数の観光地である阿蘇地域の観光業は大打撃を受けた。阿蘇市及び阿蘇郡内の小国町，南小国町，産山村，高森町，南阿蘇村の1市5町村では，2016年5月22日現在，183の宿泊施設のうち4分の1に当たる46施設が施設の倒壊や破損等によって休業を余儀なくされた[41]。

　また，熊本地震に伴う，南阿蘇村立野地区における大規模な斜面崩壊（写真1-2）によって，熊本市と阿蘇地域を結ぶ幹線道路，国道57号線が寸断され，国道325号線阿蘇大橋が崩落した。南阿蘇村の村道栃の木～立野線，通称長陽大橋ルートも，長陽大橋との接続道路が被害を受け，通行できなくなった（2017年8月27日開通）。県道28号線俵山トンネルルートも桑鶴大橋の損傷，土砂崩れ，道路の陥没などによって通行止めとなった（2016年12月24日開通）[42]。

　公共交通機関にしても，熊本駅と大分駅を結ぶJR九州㈱の豊肥本線が本震と6月の豪雨の影響により深刻な被害を受けた。とくに肥後大津駅から阿蘇駅

41）熊本県商工観光労働部（2016e）参照。
42）国土交通省（2016）pp.5-9など参照。

写真1-2　南阿蘇村立野地区の大規模な斜面崩壊と阿蘇大橋の落橋
注：道路（国道325号）の先に黒川を跨ぐ阿蘇大橋が架橋され，対岸に熊本と大分を東西に結ぶ国道57号が走っていた。
資料：坂本光成氏提供。

の間は，斜面の崩壊，落石，線路の流出，橋や駅舎の損傷など被害が著しく，現在も不通となっている。豊肥本線肥後大津駅から阿蘇駅間の復旧工事は2017年4月から着工されたが，全線開通の目処は立っていない[43]。立野駅と高森駅を結ぶ第三セクターの南阿蘇鉄道も地震による鉄橋やトンネルの破損，土砂の流入などで全面運休した。2016年7月31日より中松駅から高森駅間で運転が再開され，2018年3月3日から2022年度末の全線開通を目指して立野駅から中松駅間の復旧工事が開始された[44]。

　こうした状況から，熊本市から阿蘇地域や大分方面へ向かうには，時間を要するミルクロード（県道339号北外輪山大津線～県道23号菊池赤水線）やグリーンロード南阿蘇等に限られ，修学旅行が行き先を変更し，観光客の足が遠の

---

[43] JR九州㈱のニュースリリース「豊肥本線（肥後大津駅～阿蘇駅間）復旧工事の着手について」2017年3月21日，「豊肥線復旧　道のり険しく　肥後大津―立野先行工事　沿線土砂崩れ　被害深刻」『熊本日日新聞』2017年5月10日参照。

[44]「南阿蘇鉄道の復旧　22年度末向け着工」『朝日新聞』2018年3月4日，「南阿蘇鉄道復旧へ着工　立野―中松間　22年度開通めざす」『熊本日日新』2018年3月4日参照。

いた。『平成28年熊本県観光統計表』によると，阿蘇地域の観客数は2015年の1,585万5,530人から2016年には987万5,985人へ実数で597万9,545人の減少，率にして37.7％の減少と大幅に減少している。うち，宿泊者数は196万469人から134万544人へ実数で61万9,925人の減少，率にして31.6％の減少となっている。これら観光客の減少は，宿泊業，飲食業，運輸業など地域の観光業に多大な影響を与えている。

　熊本地震による観光業の被害は県内一円に及んでおり，熊本県の調べでは少なくとも529施設の旅館・ホテル等において直接的な被害が確認された。観光施設に直接的な被害が生じなかった地域においても風評被害が発生し，観光客や修学旅行の減少，多くの宿泊予約のキャンセルを招いた[45]。熊本県における2016年の観光客数は前年より1,117万8,807人の減少（対前年比18.7％減），うち宿泊客は前年より43万682人の減少（対前年比6.0減），観光消費額は前年より約453億円の減少（対前年比15.0％減）となるなど[46]，県の観光業界は大きな被害を受け，その対応に追われた。

　以上，熊本県の地域産業の被害を見てきたが，熊本県商工観光労働部が2016年5月27日に公表した「被害額の推計について（製造業，商業・サービス業，観光業）」によると，熊本県の製造業の被害額6,030億円（うち大企業4,510億円，中小企業1,520億円），商業・サービス業の被害額1,640億円，観光業（宿泊業）530億円，合計8,200億円に及ぶと推計している。また，熊本県は，2016年9月14日時点での県内の建築物（住宅），各種の公共施設，公共交通関係，農林水産関係，商工関係，文化財，廃棄物処理等の合計被害額が3兆7,850億円に達すると試算している（表1-7）。

　熊本地震の被害は，広範囲に及んでおり，かつ甚大である。地震災害からの復旧・復興には様々な取り組みと長期間を要することは多言を要しないところである。

参考文献

植木秀貴・山口岳史（2017）：「平成28年（2016年）熊本地震の特徴と被害特性についての考察」『熊本都市政策』熊本市都市政策研究所，Vol.4，pp.15-28。

45）熊本県（2017a）p.17参照。
46）熊本県（2017b）pp.4-7参照。

表1−7　熊本地震における熊本県内の被害額（試算）

項目	被害額	備考
建築物（住宅関係）	2兆377億円	住家，家財，宅地
水道施設	119億円	上水道，簡易水道，工業用水道
電気・ガス施設	280億円	電力，ガス供給設備等
医療・福祉関係施設	758億円	医療施設，社会福祉施設等
公共土木施設	2,685億円	道路，橋梁，河川，海岸，港湾，下水道等（※2）
高速道路	342億円	九州自動車道等（※3）
文教施設（文化財除く）	944億円	学校，社会教育施設等
その他の公共施設等	736億円	県有施設，市町村庁舎等
公共交通関係	86億円	鉄道，バス（南阿蘇鉄道，空港ビル除く）
農林水産関係	1,487億円	農地，農業用施設，農林水産物，山腹崩壊等
商工関係	8,200億円	建物，設備等
文化財	936億円	国指定，県指定，市町村指定及び未指定文化財
廃棄物処理	900億円	廃棄物処理施設，廃棄物処理費用
計	3兆7,850億円	

注1．2016年9月14日時点の数値であり，今後，被害の詳細が明らかになるに連れて変動する可能性が
　　ある。
　2．国直轄分は，九州地方整備局分の総額である。
　3．国土交通省平成28年度二次補正予算要求額のうち，熊本地震により被災した西日本高速道路株
　　式会社が管理する高速道路の災害復旧事業費を計上した。
資料：熊本県（2017）：『熊本地震の概ね3カ月間の対応に関する検証報告書』p.10。

桂　正孝（1995）：「災害と学校─阪神・淡路大震災の教訓」『人文研究：大阪市立大
　　学文学部紀要』第47巻第9分冊，pp.587-610。

気象庁（2009）：『気象庁震度階級の解説』気象庁。

気象庁（2016）：『災害時地震報告　平成28年（2016年）熊本地震』（災害時自然現象
　　報告書）2016年第1号。

気象庁地震火山部（2018）：「『平成28年（2016年）熊本地震』の震度1以上の最大震
　　度別地震回数表　平成28年4月14日21時〜平成30年1月31日24時」。

熊本県（2017a）：『熊本地震の概ね3カ月間の対応に関する検証報告書』熊本県。

熊本県（2017b）：『平成28年熊本県観光統計表』熊本県。

熊本県企業誘致連絡協議会（2017）：『世界と勝負する最先端の製造拠点を巨大地震
　　が直撃！　熊本地震復旧の軌跡　創造的復興へ〜誘致企業は如何にしてその危
　　機を乗り越えたのか〜』EPOCHAL（熊本県企業誘致連絡協議会会報）Vol.31。

熊本県健康福祉部健康福祉政策課（2018）：『災害関連死の概況について』熊本県健

康福祉部健康福祉政策課。

熊本県商工観光労働部（2016a）：「県内企業等の被害状況について」2016年 4 月19日
　　　9 時00分。

熊本県商工観光労働部（2016b）：「商工観光労働部関係被害状況及び対応状況につい
　　　て」2016年 4 月20日15時00分。

熊本県商工観光労働部（2016c）：「商工観光労働部関係被害状況及び対応状況につい
　　　て」2016年 4 月23日15時00分。

熊本県商工観光労働部（2016d）：「商工観光労働部関係被害状況及び対応状況につい
　　　て」2016年 5 月 1 日15時00分。

熊本県商工観光労働部（2016e）：「阿蘇地域の観光について」2016年 5 月24日。

熊本県土木部道路都市局下水環境課（2017）：『熊本地震における下水道事業の復旧
　　　対応状況と課題〜全国の下水道技術者による支援〜』熊本県土木部。

熊本県土木部都市計画課（2016）：「熊本地震における宅地被害への対応について」。

熊本県益城町（2017）：『平成28年熊本地震　益城町による対応の検証報告書』熊本
　　　県益城町。

熊本市（2016）：『平成28年熊本地震における市町村への応援と受援について　受援
　　　側による振り返り』熊本市。

熊本市都市政策部開発景観課（2017）：「熊本地震における宅地被害への対応につい
　　　て」。

神戸市（2011）：『阪神・淡路大震災の概要及び復興』神戸市。

国土交通省（2016）：『熊本地震による被害及び復旧状況』国土交通省。

国土交通省下水道地震・津波対策技術検討委員会（2012）：『下水道地震・津波対策
　　　技術検討委員会報告書　東日本大震災における下水道施設被害の総括と耐震・
　　　耐津波対策の現状を踏まえた今後の対策のあり方』国土交通省下水道地震・津
　　　波対策技術検討委員会。

地震調査研究推進本部地震調査委員会（2013）：「布田川断層帯・日奈久断層帯の評
　　　価（一部改定）」2013年 2 月 1 日。

地震調査研究推進本部地震調査委員会（2016a）：「平成28年（2016年）熊本地震の評
　　　価」2016年 4 月15日。

地震調査研究推進本部地震調査委員会（2016b）：「平成28年（2016年）熊本地震の評
　　　価」2016年 5 月13日。

全国商店街支援センター（2016）：「被災した商店街　復旧・復興へ向けたその足取
　　　り　健軍商店街振興組合／熊本県熊本市」『EGAO』2016 Autumn, pp. 2 - 9 。

全国商店街支援センター（2017）：「仮設商店街が大きな役割を担う　上益城郡益城

町　益城町商工会」『EGAO』2017 Autumn, pp.38-39。

髙梨成子（2016）:「熊本地震による被害と災害時対応～熊本地震に自助・共助・公助はどう対処したか」福岡県防災ホームページ（http://www.bousai.pref.fukuoka.jp/spc/images/2016bousaikouen/3takanashi.pdf, 2018年4月5日アクセス）。

内閣府非常災害対策本部（2016a）:「平成28年（2016年）熊本県熊本地方を震源とする地震に係る被害状況等について」2016年4月18日7時00分現在。

内閣府非常災害対策本部（2016b）:「平成28年（2016年）熊本県熊本地方を震源とする地震に係る被害状況等について」2016年4月30日11時00分現在。

中山雅晴（2017）:『熊本地震からの復旧・復興』熊本県土木部。

兵庫県企画管理部災害対策局災害対策課（2006）:「阪神・淡路大震災の被害状況（確定報）について」2006年5月19日。

三井康壽（2013）:「大震災時の居住回復論（阪神・淡路大震災）」『都市住宅学』都市住宅学会, 81号, pp.28-35。

第2章

熊本地震と製造業
―被災状況と復旧過程の地域性を中心に―

鹿嶋　洋

はじめに

　平成28年熊本地震（以下，熊本地震）は，2016年4月14日以降に熊本地方を中心に発生した一連の地震で，布田川―日奈久断層帯の活動による内陸直下型地震である。4月16日午前1時25分に発生した「本震」は Mj7.3（Mw7.0）を観測した。この地震の特徴として，以下の点が指摘できる。第1に，最大震度7を同地点（益城町）で2度観測したのは観測史上初のことであった。第2に，余震が多発し，2018年4月末までに4,484回に達した。第3に，震源分布が熊本県から大分県にかけての広域に及んだ（図2-1）。第4に，本震時は深夜で，かつ「前震」によって通常の経済活動がほぼ停止していた状況にあったため，多くの人は自宅や避難所などで被災した点である。

　熊本地震の被災地は，熊本県内でも最も製造業が集中する地域でもあり，地域経済に重大な影響をもたらした。そこで本章は，熊本県の基幹産業の1つである製造業を取り上げ，熊本地震の被害と復旧状況の地域差を把握するとともに，地域差が生じる要因について予備的な考察を行うことを目的とする。これらを通して震災からの復興の過程の一側面を明らかにするとともに，教訓を見出すこととする。

　製造業の被害状況を把握するため，まず新聞記事検索を行った。県紙として熊本地震について精力的な取材活動を行っている熊本日日新聞の記事を中心として，他紙の記事も参考にした。次に，上場企業などでプレスリリースがなされている企業に関しては，それらも参考にした。これらに加えて，関係者への聞き取りを随時行った。これらによって，製造業に関する被害と復旧状況に関

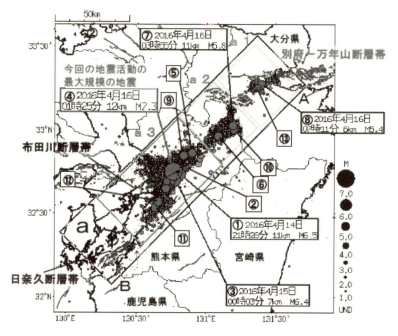

図2-1 熊本地震の震央分布図

注：2016年4月14日～2016年5月12日09時30分に発生した，震源深さ0～20km，Mすべての地震を示す。

資料：地震調査研究推進本部地震調査委員会「平成28年（2016年）熊本地震の評価」2016年5月13日（http://www.static.jishin.go.jp/resource/monthly/2016/2016_kumamoto_3.pdf）。

する情報を収集し，事実関係を把握するとともに，地図上に付置し，被害状況の地域的差異を検討した。こうして収集された情報は大企業が中心であるが，中堅・中小企業に関するものや，工業団地に関するものなども含んでいる。

第1節　熊本地震被災地の地域経済的特徴

1　人口・産業特性

まず，熊本地震被災地の人口・産業特性を概観する。図2-2によれば，熊本県内で2010～2015年に人口が増加していたのは菊陽町，大津町，合志市，益城町など，熊本地震で被害の大きかった地域に重なっている。また熊本地震の本震で震度6弱以上の揺れを観測したのは県内で10市9町2村あったが，これ

第2章　熊本地震と製造業

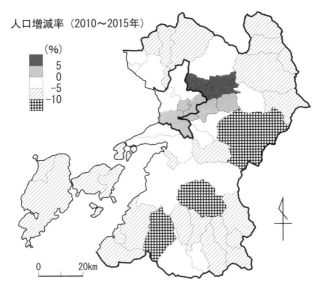

図2-2　人口増減率（2010〜2015年）
資料：国勢調査により筆者作成。

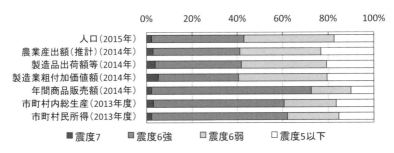

図2-3　市区町村の最大震度別にみた人口・産業の分布（熊本県域のみ）
資料：熊本県統計年鑑により筆者作成。

らの地域は県全体の人口の82.6％（2015年），製造品出荷額等の79.3％（2014年）を占めるなど，県内の人口や産業のおよそ8割程度が集中している（図2-3）。

このように，県内でも人口・産業が最も集中した成長地域が被災地となり，地域経済に重大な影響をもたらした。このような，熊本都市圏一極集中的な県

土構造は，熊本県が抱える脆弱性の1つである。

2 熊本県工業の地域的特徴

　熊本県の工業の特徴として，高度成長期以降に誘致大企業を中心として工業化が進展したことが指摘できる（鹿嶋，2015）。工業化を主導したのは半導体を中心とする電気機械工業と，二輪車・四輪車・造船を中心とする輸送用機械工業などであった。主要な誘致企業としては，電気機械工業では，1967年に三菱電機が熊本市に，1968年に九州松下電器が岱明町（現玉名市），1969年に九州日本電気が熊本市に立地し，半導体や電子部品の生産を開始した。輸送用機械工業では，1973年に日立造船が長洲町に進出し，1976年には本田技研工業が大津町で二輪車生産を開始した。これら以外にも多数の企業が県外から進出してきた。経済センサス-活動調査によれば，2015年においても誘致企業[1]が県内製造品出荷額の54.7%を占めており，域外の大企業が熊本県の地域経済を牽引してきた。

　誘致企業の存在感の大きさは，熊本県庁によって企業誘致を軸とする産業振興政策が長年にわたり進められてきたことを反映している（伊東，1992；1998）。すなわち，1960年代には不知火・有明・大牟田地区新産業都市の建設に伴い，臨海部への重化学工業を中心とした企業誘致が進められた。1970年代以降は，農村地域工業等導入促進法に基づいて内陸農村地域への労働集約型業種の立地が促進された（山口，1982；山中，1986）。1980年代には，熊本テクノポリス開発計画に基づく立地基盤整備とともに企業誘致が一層活発化した。とくに半導体産業の成長が顕著であり，「シリコンアイランド」九州（伊東，2015）の中核地域となった。企業誘致を軸として1960年代から80年代にかけて形成された熊本県の地域経済構造は，域内での連関を欠くとともに単純労働力の活用を主体とすることから，分工場経済（友澤，1989）とも評された。しかし，誘致大企業のサプライヤーである地元中小企業が次第に技術力を高めて成長して経営の多角化を図るとともに，業種としては半導体産業に加えて，自動

1）ここでいう誘致企業とは，1965年度以降に熊本県内に設置され，県との間に立地協定を締結または県が立会人となって市町村との間に立地協定を締結した事業所である。熊本県統計調査課が毎年刊行する「熊本県の工業」には誘致企業に関する統計データが掲載されている。

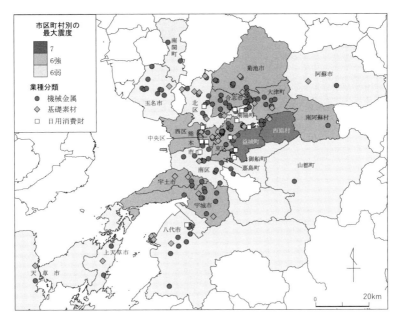

図2-4　主要工場の分布と最大震度

注：1．工場分布は熊本県工業連合会に加盟する製造業企業（1点1工場）。
　　2．最大震度は4月16日の本震の震度を示す。
資料：熊本県工業連合会会員名簿と気象庁資料により筆者作成。

車部品産業，半導体製造装置産業，液晶産業などの幅広い業種における企業誘致も進行し，産業集積の厚みが徐々に増してきた。県内の中小機械金属工業を調査した渡辺（2004）によると，大企業の進出を契機として形成された地元機械金属工場群が，当初は特定大企業の下請的性格を強く有していたが，それら工場群の技術蓄積の深化，大企業側の外注戦略の変更，高速道路網の整備などを背景として，九州広域機械工業圏とも呼べる広域的な受注圏の中で存立しているとしている。2000年代に至ると，熊本県内でも特に熊本市を中心とする熊本都市圏への工業集積が高まりをみせ，「誘致型複合集積」（中小企業庁編，2006）や「地方新興集積」（小田，2006）などと形容されるようになった。

　このような過程を経て形成された工場の分布をみる（図2-4）。熊本県工業連合会（以下，県工連）に加盟する製造業企業243社中199社（81.9％）が震度6弱以上の市町村に立地している[2]。また，各企業がどの程度の揺れに襲われ

たかを示すために，独立行政法人防災科学技術研究所の J-RISQ 地震速報に基づいて熊本地震本震（2016年4月16日1時25分）の推定震度分布（最終報）と，工場の分布を重ね合わせた地図（口絵2-1（p.iv））を作成した。それによれば，推定震度7の地域が布田川断層沿いの西原村・益城町・嘉島町にかけて連なり，その周囲に震度6強の地域が広がっており，菊池市・合志市・大津町付近の菊池台地にも及んでいる。熊本市内では，東区，中央区，南区を中心に震度6強の地域が広く分布していることが分かる。工場の分布は熊本都市圏東部が中心となっている。これは1960年代から70年代にかけての立地基盤整備が，新産業都市や農村地域工業等導入促進法に基づいて県内各地に分散的に配置されたのに対して，1980年代以降はテクノポリス計画に基づいて工業団地や産業支援施設が熊本市近郊の主として台地上に整備され，熊本都市圏への集中傾向を強めた（鹿嶋，2015）ことを反映している。県内工場分布の核心地域である熊本都市圏東部はまさに熊本地震の被災地と重なっており，製造業に大きな被害を与えたことが示唆される。

　熊本地震以前，熊本県は地震の少なさを企業誘致の「売り」の1つとしてきた。熊本県が企業誘致を目的に開設していたインターネット上のサイト「企業立地ガイド KUMAMOTO」には，「過去120年間 M7以上の地震は発生していない」「地震保険の保険料は全国で最低ランク」などの文言が記載されていた[3]。しかし熊本地震以前の2013年に発表された「布田川—日奈久断層帯の評価」（地震調査研究推進本部地震調査委員会，2013）によると，今後30年間の地震発生確率は布田川断層帯布田川区間ではほぼ0〜0.9％，日奈久断層帯日奈久区間ではほぼ0〜6％であり，決して低いものではなかった。産業立地の観点から言えば，県は地震への備えが十分ではなかったと言わざるを得ない。

2）図2-4は熊本県工業連合会（県工連）会員企業の分布を示している。県工連は県内最大の工業団体であり，会員数334社（2017年5月）である。地元企業に加え誘致企業も含んでおり，熊本県の代表的な製造業企業のほとんどが会員になっていることから，熊本県工業の地域的動向や熊本地震による被害を捉える際に県工連加盟企業を対象とすることは妥当である。

3）「検証・熊本地震／5止（その1）発生1カ月　県『安全』と企業誘致　警告伝わらず」『毎日新聞』2016年5月15日。なお地震に対する安全性に関する記述は熊本地震後に削除された。

第2節　製造業の被災状況の概観

　2016年5月27日に熊本県が発表した商工業の直接的な被害額の推計値（建物・内装・設備等）は約8,200億円であり，うち製造業は約6,030億円であった。ただしここには風評被害も含む間接的な被害額は含まれていない。製造業の被害の大きさが理解できよう。

　熊本地震による製造業企業の被害状況を概観するため，県工連および熊本県ものづくり工業会事務局が実施した調査結果を検討する。調査実施日は熊本地震から約1か月後の2016年5月20日〜27日であり，事務局より電子メールにより実施された。対象事業所数は345社で，回答事業所数は57社，回答率15.6%であった。

　まず，57社中，直接的被害のなかった企業は10社（17.5%）のみであり，残りの47社（82.5%）には何らかの被害があった。人的被害では，従業員が被害を受けた企業が17社（29.8%），従業員の家族への被害が15社（26.3%）であった。建物・設備に関しては，建物全壊が1社（1.8%），建物半壊が4社（7.0%），建物一部損壊が26社（45.6%）など多数の被害が認められた。また建物設備への被害は21社（36.8%），装置への被害も18社（31.6%）に上った。

　被災企業の中には，一時的な休業に追い込まれた企業も少なくない。地震後に休業した企業は30社に及んでいる。このうち1週間未満の休業が17社，1週間から2週間未満が3社，2週間から1か月未満が4社，1か月以上休業したのが1社となっている。しかし回答企業の中に操業再開できなかった企業はなかった。

　被害額をみると，1千万円未満が22社（38.6%），1千万から1億円未満が12社（21.1%），1億円以上が7社（12.3%）であった。従業員規模が大きくなるほど，被害額は大きかった。なお，「その他」と回答した企業が16社存在していた。この内訳は，被害なしは1社に過ぎず，不明・未確定が4社，非開示が1社，未記入が10社であった。未記入の回答が被害なしなのか，答えたくないのかは分からないが，被災1か月後の時点では被害額の見通しがたっていない企業が多かったものと推察される。

表2-1　熊本地震による主な誘致大企業の被害と復旧の概要

事業所番号	事業所名	業種	所在地	一部復旧時期[1]	復旧時期[2]
1	ルネサスセミコンダクタマニュファクチャリング九州(株)川尻工場	半導体(車載用マイコン等)	熊本市南区	4月22日	5月22日
2	富士フイルム九州(株)	液晶パネル部品(偏光板保護用タックフィルム)等	菊陽町	4月23日	5月22日
3	三菱電機(株)パワーデバイス製作所熊本事業所	パワー半導体	合志市	5月9日	5月31日
4	東京エレクトロン九州(株)本社・合志事業所	半導体製造装置	合志市	4月25日	6月末
5	ソニーセミコンダクタマニュファクチャリング(株)熊本TEC	半導体(CMOSイメージセンサー等)	菊陽町	5月9日	7月末
6	本田技研工業(株)熊本製作所	輸送用機器(二輪車等)	大津町	5月6日	9月13日
7	アイシン九州(株)	輸送用機器(自動車部品)	熊本市南区	4月23日	9月上旬
8	サントリービール(株)九州熊本工場	ビール，清涼飲料	嘉島町	11月8日	2017年9月11日
9	HOYA(株)マスク事業部熊本工場	液晶パネル用・半導体用フォトマスク	大津町	再開断念	再開断念[3]

注：1）一部復旧時期は生産を部分的に再開した時期。
　　2）復旧時期は熊本地震発生前の生産能力を回復した時期。
　　3）技術開発拠点として再稼働する予定。
資料：熊本日日新聞記事，『熊本地震　復旧の軌跡』，各社ウェブサイト，聞き取りにより筆者作成。

第3節　製造業企業の被災と復旧

1　大企業の立地と被災状況

　表2-1は製造業における主な誘致大企業の概要と熊本地震からの復旧状況を示した。ここに示した9社はいずれも熊本都市圏に立地し，この地域を代表する工場と言って差し支えない。このうちルネサス，富士フイルム九州，三菱電機，東京エレクトロン九州，ソニー，そしてHOYAの6社は半導体・液晶関連の工場である。その他では本田技研とアイシン九州が自動車関連，サントリーはビール・清涼飲料水の工場である。

　また，これらの工場は本社（もしくは親会社の本社）が県外にある域外企業

であるが，各社の生産体制の中で非常に重要な位置づけがなされている。例えば，ソニーはデジタルカメラなどに使用されるイメージセンサーの世界シェア首位であり，熊本TECはその主力工場である。富士フイルムは偏光板保護用タックフィルムの世界市場で約7割のシェアを持ち，富士フイルム九州はグループ全体の生産の6割強を占める。東京エレクトロン九州は半導体前工程で使用されるレジスト塗布現像装置の世界シェア約9割を占有する。本田技研は同社国内唯一の二輪車生産拠点で，中・大型二輪車の企画開発から量産まで一貫して担う。これらの工場の生産停止は，後述のようにサプライチェーンの途絶をもたらし，国内外にその影響が波及することとなった。

　各社の被害状況を，表2-1に沿って復旧時期の早かった順に説明する。ルネサスは冷水配管の破損による漏水の発生，ウェハに回路を焼き付ける露光器のレンズのずれ・破損，電気炉の石英部材の多くの破損などの被害があったが，建屋の構造に大きな損傷はなく，非常用電源の作動によってクリーンルームの環境が維持され，ガスや薬液の漏出もなかった。富士フイルム九州では，電灯が落下したり，配管がずれたりするなど220か所が損傷したが，致命的な設備被害はなく，溶液流出などの環境影響もなかった。三菱電機では，建屋自体には大きな損傷はなかったが，空中渡り廊下の段ずれ，天井の落下，水漏れ，クリーンルームの一部損傷，配管の落下・配管漏れなどに加え，製造装置の転倒や天井の落下による製造装置の破損（伊東，2017）が生じた。東京エレクトロン九州では，天井やダクトの落下，壁の損傷，製造装置の転倒などの被害があり，機械装置や建物の復旧費用などに概算100億円の損失が見込まれた[4]。ソニーでは，天井落下，側壁破損，柱を固定するボルトの破断など，特に上層階を支える構造体に大きな被害が発生し，製造装置ではウェハ表面の処理に使う拡散炉の破損，石英ガラス治具の損壊，自動搬送装置のレールの落下，露光装置の免震架台の破損など，甚大な被害が生じた。ソニーグループ全体での被害額は物的損失167億円，復旧費用その他18億円，機会損失343億円で合計528億円の損失となった（伊東，2017）。本田技研では構造体の被害は少なかったものの，生産設備の落下・転倒，内壁・天井の落下，建屋内外での地割れなどが

4）東京エレクトロン（株）のプレスリリース「業績予想及び配当予想に関するお知らせ」2016年5月12日（http://www.tel.co.jp/about/release/2016/20160512_001.html）。

生じ，被害額は，操業停止による販売減が119億円，復旧費用が132億円の計251億円に達した[5]。サントリーは工場敷地から日奈久断層までの直線距離が最短で100 mほどと極めて近く，激しい揺れによって甚大な被害が生じた。天井・壁の崩落，生産ラインのコンベアや製造装置の倒壊，ビールタンクの約3割の損傷，地中の配管網の寸断などが発生し，在庫品数十万ケースの片付けも必要であった。被害総額は約110億円に及んだ[6]。HOYAは工場内で火災が発生し，精密機器や生産設備が大きな被害を受けた。なおアイシン九州の被害については後述する。

　このように，誘致大企業は建屋，生産設備，インフラ等に様々な被害を受けた。しかしながら，各社の工場内で重篤な人的被害はなかった。これは，4月14日の「前震」後に各社で生産が中断されており，4月16日未明の「本震」時には工場内がほぼ無人であったためである。不幸中の幸いであったと言うほかない。

2　大企業の復旧過程

　誘致大企業の被害の大きさを反映して，復旧までに要する時間は異なっている。このことを，立地と業種の双方から検討する。

　まず，誘致大企業の立地と復旧時期との関係を検討する。誘致大企業は熊本市の東郊と南郊に立地している（図2-5）。図中に示した震源断層モデル[7]は，SAR（合成開口レーダ）およびGNSS（全球測位衛星システム）で観測された地殻変動から推定されたもので，布田川断層帯および日奈久断層帯に沿った位置に熊本地震の震源断層が存在する。この震源断層の近傍に誘致大企業が多く立地していることが読み取れる。

　生産の復旧時期は立地場所によって異なる。震源断層から離れたルネサス・三菱電機・富士フイルム九州は，被災後2か月以内で震災前水準にまで生産が

5）「ホンダ熊本，完全復旧　地震前と生産同水準に」『熊本日日新聞』2016年9月14日朝刊。

6）サントリー九州熊本工場の被害と復旧については，『熊本日日新聞』の連載記事が詳細を伝えている。「熊本地震・あの時何が（128）＝サントリー九州熊本工場編（1）"悲鳴"上げたビールタンク」～「熊本地震・あの時何が（137）＝サントリー九州熊本工場編（10完）「最短の工期で」思い一つに完全復旧」『熊本日日新聞』2016年12月1日朝刊～10日朝刊。

7）震源断層モデルは国土地理院の推定による。詳細は国土地理院（2016）を参照。

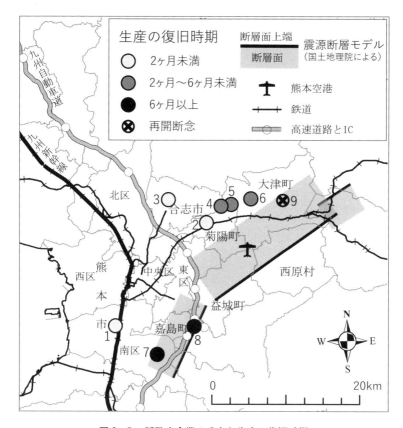

図2-5　誘致大企業の分布と生産の復旧時期

注：1．1〜9の数字は表2-1の事業所番号に対応する。
　　2．復旧時期は熊本地震発生前の生産能力を回復した時期。
　　3．震源断層モデルは国土地理院（2016）による。
資料：表2-1の資料により筆者作成。

復旧した。東京エレクトロン九州とソニーは復旧まで3か月から4か月であった。一方，震源断層の近傍に立地する企業では復旧が長期化し，本田技研とアイシン九州は約5か月を要した。また，震源断層に近いサントリービールでは被害が大きく，ビール生産の一部再開まで7か月近く，清涼飲料を含むすべての製品の生産再開までは1年半あまりかかった。

　さらに，HOYA熊本工場は再開を断念し撤退した。県内誘致企業の中で熊本地震による撤退が明らかになったのは同工場のみである。前述のように同工

場は本震で工場内で火災が発生し，精密機器や生産設備が大きな被害を受け，「工場内の電源が現在も入らない状態。装置の点検や修復が難しいため，復旧の見通しが立たなかった」[8]としている。地震後，半導体用部品は八王子で，液晶用部品は台湾と韓国で代替生産していた。同工場は今後，液晶パネル用生産部品の開発拠点と位置付け，2017年3月をめどに再建すると報じられた。

　このように，誘致大企業について言えば，震源断層からの近さが復旧時期の早さに影響を与えていることが強く示唆される。地震の被害を最小化するには，少なくとも既知の活断層からの距離に応じた対策がなされるべきであろう。

　次に，業種と復旧時期との関係をみる。再び表2-1をみると，復旧時期の早かった上位5社はいずれも半導体および液晶関連の工場であり，一部復旧の時期は本震から1週間後の4月下旬から，3週間後あまり後の5月上旬であった。また，比較的被害の小さかったルネサス，富士フイルム，三菱電機の3事業所では5月中に復旧し，やや遅れた東京エレクトロンとソニーでも6月末から7月末にかけて復旧を遂げた。

　一方で，二輪車・四輪車関連の本田技研とアイシン九州は，4月下旬から5月上旬に一部復旧を果たしたものの，復旧（被災前の生産能力の回復）には約5か月から半年も要した。二輪車・四輪車関連の工場の生産設備は半導体関連工場よりも大型で重量も大きいことが影響していると考えられる。さらにサントリーの復旧が1年半ほどを要したのは，地下の配管網の復旧や取水する地下水の水質検査などが必要であったためである。サントリー以外の地場食品関連工場でも復旧の遅れがみられるようである。

3　アイシン九州㈱の被害と復旧の事例

　次に，アイシン九州（株）の被害と復旧について事例的に述べる[9]。同社の

8）「HOYA熊本，生産再開断念　地震影響　2017年春，開発拠点に」『熊本日日新聞』2016年6月22日朝刊

9）2017年9月1日の同社への聞き取り調査，熊本県企業誘致連絡協議会（2017，pp.5-6），および以下の新聞記事による。「熊本地震，連鎖の衝撃＝経済編（1）サプライチェーン寸断（上）トヨタを止めるわけには」『熊本日日新聞』2016年5月24日朝刊，「熊本地震，連鎖の衝撃＝経済編（2）サプライチェーン寸断（中）グループ挙げ"復旧部隊"」『熊本日日新聞』2016年5月25日朝刊，「熊本地震，連鎖の衝撃＝経済編（3）サプライチェーン寸断（下）受注減…代替生産の影響も」『熊本日日新聞』2016年5月26日朝刊。

事例は，サプライヤー（部品供給網）の寸断によって広範囲に影響を及ぼした点，迅速な代替生産によってサプライチェーンの回復を図った点が特徴的である。

アイシン九州は熊本市南区で1993年に操業を開始した。親会社のアイシン精機はトヨタグループの有力自動車部品メーカーで，本社は愛知県にある。アイシン九州の主要製品は，自動車のサンルーフ・ドア・シート部品などで，主要取引先はトヨタ自動車九州（福岡県宮若市・苅田町），ダイハツ九州（大分県中津市），日産九州工場（苅田町），日産車体九州（苅田町），東京エレクトロン九州（熊本県合志市・大津町）などである。とくに「ドアチェック」（ドアの開閉を制御する部品）は年間300万台分を生産し，トヨタグループをはじめ多くの自動車メーカーに供給していた。従業者数は約700名である。

アイシン九州における熊本地震の被害は設備，建屋，インフラ等に及んだ。自動車部品工場建屋の柱96本中88本が修復を要し，工場床面には約5cmの段差が生じ，内壁が多数落下した。天井の移動式大型クレーンが500トンプレス機に落下し破損した。1,200トンプレス機も大きく傾き，中から金型が取り出せなくなった。金型自動ラックに収納されていた1台2トンほどの大型の金型が，地震の揺れによって壁を突き破り，建屋の外に飛び出した。さらに電源を喪失し，生産管理用のサーバーも停止した。このように工場内で甚大な被害があった。建物，設備の被害に加えて設備，金型の移設費や輸送費など，アイシン精機全体での被害額は約100億円に及んだ（熊本県企業誘致連絡協議会，2017）。他方で，従業員とその家族は無事であったが，自宅が全壊した従業員が約30名，半壊した従業員は約100名に及んだ。

同社の生産停止によって，ドアチェックの供給が滞り，トヨタの国内15の完成車組立工場で生産が停止した。トヨタ向けのほぼ全量を同社で生産していたからである。工場の復旧には数か月を要すると見込まれたことから，生産再開を急ぐために他工場での代替生産を決定した。代替生産先は九州地区の協力企業（7か所）と愛知県内のアイシン精機工場（7か所）となり（図2-6），工場内から生産設備や金型を4月17日以後搬出し，4月23日から順次代替生産を開始した。これに伴いアイシン九州の従業員も代替生産先に一時的に配置転換され，九州地区には167名，愛知県内には178名が配属された。このような急ピッチでの代替生産は，「アイシンは熊本から撤退するのではないか」との不安

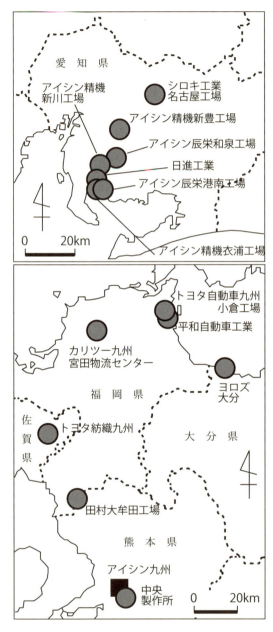

図2-6 アイシン九州㈱の代替生産先

資料：アイシン九州㈱の資料により筆者作成。

を従業員や地域社会に抱かせた。このため4月22日に従業員を集めて社長自ら現在地で必ず夏には再開を遂げるとの「復活宣言」を行った。

代替生産の開始によって、5月7日からトヨタグループの完成車工場が順次操業再開した。復旧に当たってはアイシングループ、トヨタグループ、建設業者などから多数の人員が応援に駆けつけ、最大で1,200人体制に及んだ。

一方、代替生産先が14か所にも分散されたことで、物流網は複雑さを極めることになった。そこで同社は九州地区2か所と愛知県三河地区1か所に中継基地を設けて、積載効率を高めることで対応した。

アイシン九州自体は工場の基礎部分や建屋の改修、インフラの修復などを進めた。代替生産先からお盆休み期間に設備を戻し、8月22日に生産を再開し、9月上旬にようやく生産量が震災前の水準に回復した。一時的に出向していた従業員も12月までには熊本に順次帰還した。

アイシン九州はトヨタ自動車のジャストインタイム生産方式の一翼を担っている。周知の通り、同生産方式は在庫を極力持たないことを特徴としているが、アイシン九州およびアイシングループではその見直しを行った。今回の震災では最短5日間で代替生産が可能であったことから、5日間程度の在庫を持つことにした。

4　サプライチェーンへの影響と事業継続計画（BCP）

アイシン九州の事例で述べたように、熊本地震による生産停止はサプライチェーンの途絶をもたらし、その影響は国内他地域や海外にまで波及した。例えばソニーではデジタルカメラや監視カメラ向けイメージセンサーの世界シェアの約5割を握っているとされるが、同工場の生産が約3か月にわたり停止し、世界のデジタルカメラメーカーへのデバイス供給が滞り、市場が品薄となった。

こうしたサプライチェーンへの影響を最小限にとどめるため、各社は他地域での代替生産に力を入れた。アイシン九州以外でも、例えば本田技研では熊本での生産再開が一部にとどまっている間、熊本製作所の従業員2,600人のうち785人を、鈴鹿製作所や埼玉県朝霞市の二輪研究拠点などに一時的に配置転換した[10]。こうした代替生産によって各社は製品（部品）の供給を進めた。

次に、早期復旧した企業の中には、東日本大震災の経験をふまえて事業継続計画（BCP）を策定ないしは見直し、熊本地震後の復旧に役立てた企業がある

ことは特筆される。その事例としてルネサスの経験を紹介する。ルネサスは東日本大震災により東北・関東の8工場が生産を停止し、なかでも那珂工場（茨城県ひたちなか市）ではクリーンルームの壁が崩れて鉄骨が露出し、製造装置を固定する耐震固定金具は変形し、露光装置に至っては装置メーカーに持ち帰って修理しなければならない状況であった。那珂工場では、早期再開に向け、同社グループ全事業所はもとより、多くの関係会社から1日最大250名、延べ9,500名が24時間体制で復旧作業に当たった。作業は猛スピードで進められ、当初2か月を予定していたインフラ復旧はわずか12日間で完了し、量産再開は当初計画の5か月以上から80日に短縮できた（ルネサスエレクトロニクス、2011）。ルネサスではこの経験から得た教訓として、安定供給のため在庫運営についての顧客との情報共有、部材メーカーや外注委託先などトータルでのサプライチェーンの構築、工場のさらなる耐震強化などの必要性を認識し、新たなBCPを策定し、発生確率が最大の地震を想定した上で、量産再開までの期間を30日とする目標を設定した。このBCPに基づいて同社川尻工場でも耐震対策が進められていたことが奏功し、生産再開まで8日、震災前能力の回復が38日という迅速な復旧を成し遂げることができた（熊本県企業誘致連絡協議会、2017）。

　BCPを策定した企業が早期再開を果たす一方で、特に中小企業ではBCPを策定していない企業が目立っている。内閣府防災担当（2017）が実施したアンケート調査によれば、熊本地震被災地域にある製造業その他の回答企業517社のうち、BCPを策定済みであったのは50社（9.7%）で、そのうち中小企業では496社中37社（7.5%）に過ぎなかった。BCP策定のための時間的・金銭的コストも少なくないが、中小企業に対する効果的な支援が求められる。

5　「グループ補助金」等による復旧・復興支援

　被災した企業の復旧を支援する代表的な制度が通称「グループ補助金」（正式名称は中小企業等グループ施設等復旧整備補助事業）である。自然災害によって企業が被災した場合、私有財産を公費で復旧することは通常できないが、

10）「ホンダ熊本製作所　二輪車生産、6月中に再開　完全復旧は8月中旬」『熊本日日新聞』2016年6月3日朝刊。

大規模災害時には自力再建が困難であり，地域経済に深刻な影響が生じる。そのため複数の中小企業等がグループを構成して復興事業計画を作成し，認定を受けた場合に，施設の復旧・整備について，復旧工事費の最大4分の3（中小企業の場合）を国と県が支援するというものである。グループ補助金は東日本大震災を機に創設された制度であり，熊本地震が2回目の実施となった。熊本県によるグループ補助金の公募要領によれば，その目的は「平成28年熊本地震により甚大な被害を受けた地域において，県の認定する中小企業等グループの復興事業計画について，国及び県が支援することにより，『産業活力の復活』，『被災地域の復興』，『コミュニティの再生』，『雇用の維持』等を図り，県内産業の復旧及び復興を促進することを目的とします」[11]とされている。2016年8月の第1回認定以後，2018年1月末までに，延べ4,108事業者に対して945億1千万円の交付が決まった[12]。

　グループ補助金による支援は中小企業の事業継続に大きく寄与した。複数の中小企業経営者への聞き取りによれば，被災当初はあまりの被害の大きさにどこから手をつけて良いかも分からず，事業継続の断念が頭によぎったという経営者が少なくなかったという。しかし，4月下旬から5月上旬ぐらいの時期になると，「グループ補助金という事業によって補助率4分の3が交付されるようだ」という噂を多くの経営者が耳にし，復旧に向けた意欲が大いに喚起されたとのことであった。加えて，熊本地震関連の倒産は，帝国データバンクの2017年4月発表によれば12件のみであり，うち熊本県内は7件にとどまっている。こうした点からみても，グループ補助金が企業の事業継続に寄与したことは間違いない。また，グループ補助金の制度自体が，東日本大震災の経験をふまえて改善され，熊本地震においてはより柔軟かつ迅速に運用されたことも指摘できる。

　しかしながら，グループ補助金の交付決定はすでに4,000社以上に対してなされたにもかかわらず，復旧工事が完了し補助金が支払い済みの企業はまだ1

---

11) 「熊本県中小企業等グループ施設等復旧整備補助事業復興事業計画認定　公募要領」
　　（https://www.pref.kumamoto.jp/common/UploadFileOutput.ashx?c_id=3&id=20966&sub_id=1&flid=118670）。
12) 「特例適用『最後の機会』グループ補助金交付申請受け付け，3月5日まで再開　決定前復旧費は対象外に」『熊本日日新聞』2018年2月13日朝刊。

割台にとどまる。その理由は，復興需要の高まりによって工事業者の確保が難しいこと，工事価格の上昇のために再申請手続きが必要となり時間を要すること，膨大な事務処理手続きに県庁の人員が追いつかないことなどがある。グループ補助金の交付が遅れる間，各企業は工事代金を立て替えており，そのための金利負担などが発生することもあり，早期の予算執行が求められる。

　他方で，東日本大震災の被災企業では，グループ補助金によって復旧した設備が過剰投資となり，数年後に倒産を余儀なくされる例がある。設備の復旧だけでなく，休業期間中に失った販路の回復や新規事業展開に向けた，継続的な経営支援が求められる。

第4節　工業団地の被害とその地域的差異

1　工業団地の被害状況

　熊本地震では民間の工業団地で被害が多発した。そこで工業団地ごとの被災状況を概観し，その地域的差異について予察的に検討する。

　熊本都市圏の工業団地には，民間工業団地と，公的工業団地の双方がある（図2-7）。まず民間工業団地については，次のような特徴がある。

　第1に，民間工業団地は主として工場集団化事業[13]によって設立されたもので，1960年代から70年代にかけて多くが造成された。第2に，民間工業団地に立地する企業は，主として熊本市内の中小零細企業が集団で移転したもので，地元中小企業10〜20数社からなる団地が多い。立地企業は，製造業が中心であるが，運輸・倉庫業や建設業などの業種が含まれることもある。第3に，団地の完成から40年から50年程度を経たものが多く，立地企業の規模が小さいこともあり，建物や生産設備の老朽化が目立っている。第4に，立地企業によって工業団地協同組合を組織していることが多く，電力や上下水道，福利厚生施設等の共用インフラを協同組合で管理運営している。

　民間工業団地の立地企業は，上記のように老朽化した施設を多く抱えていることから，熊本地震によって大きな被害に見舞われたものが多かった。また企

13）工場等集団化事業の制度や実態については経済地理学の竹内（1978）や中小企業論の百瀬（1976，1979）などがある。

第 2 章　熊本地震と製造業

図 2-7　主な工業団地の分布

注：1．（　）内は工業団地の完成年を示す。
　　2．震源断層モデルは国土地理院（2016）による。
資料：各工業団地の資料により筆者作成。

業規模が小さいことから，復旧に直ちに取りかかれない企業もあり，大企業に比べて復旧が遅れる傾向がある。加えて，共用インフラ部分が地方自治体ではなく工業団地協同組合の所有であるため，その復旧を組合が行わざるを得ず，復旧が遅れがちとなった。

　次に，熊本都市圏の公的工業団地については，民間工業団地と異なり，1980年代以降にテクノポリス計画に基づいて整備されたものが多く，民間工業団地

49

に比べて団地面積が大きく，立地企業は誘致企業が主体であり，企業規模が大きい傾向にある。建物や生産施設が相対的に新しかったこともあり，熊本地震による被害は民間工業団地に比べるとやや軽減されたように見受けられる。また大企業が多いことから，自力での復旧の余地が大きかったと思われる。加えて工業団地のインフラ施設が組合所有ではなく公共所有であることから，個々の企業の復旧を制約することにはならなかった。

　次に，民間工業団地の被害の例として，嘉島町の熊本南工業団地を取り上げる。同団地は1974年に設立され，現在24社が入居している。入居企業は鋳物，金型，鉄工，機械加工，生産機械製作などの中小企業が多い。同団地では共用部分である組合会館，グリーンベルト，団地外排水施設，給水施設，団地内街灯，水銀灯，調整池，共同購入所などを組合で所有している。同団地はサントリー九州熊本工場のすぐ北側に位置し，日奈久断層帯からは至近距離にあることから激しい揺れに襲われた。また，同団地の地形はもともと火砕流堆積面の台地に沖積低地が入り込んでおり，沖積低地を埋めて平坦に造成したことから，地盤の弱体な場所があり，揺れを増幅させたと考えられる。そのため団地全体の被害額は約21億円に及んだ[14]。組合の共用部分の被害としては，団地内道路擁壁の崩壊，組合会館の半壊，上下水道配管の損傷などがあった。個々の企業では，大半の企業で建屋や工作機械が被害を受け，全社が操業を一時停止した。工場の建て替えや補修が必要な企業も多かったが，生産の仮復旧を急ぎ，2016年8月までに全社が稼働を再開した。

　民間工業団地における被害は上で紹介した熊本南工業団地（嘉島町）に限ったことではない。熊本市東区の熊本総合鉄工団地（1964年完成），益城町の熊本総合工業団地（1974年完成）や熊本産業団地（1982年完成）など，熊本市の東郊や南郊に位置する古い工業団地において大きな被害があった。

　こうしてみると，個々の企業単位に加え，工業団地の単位でも地域差を検討することが有効と思われる。

14）「熊本地震半年　県内工業団地　操業再開も業績回復に不安　稼働停止中に取引先失ったケースも」『熊本日日新聞』2016年10月14日朝刊。

第2章　熊本地震と製造業

2　被害の地域的差異の要因：仮説

　以上をふまえて，工業団地の被害状況の地域的差異に影響する要因について，予備的な仮説を示すこととする。

　第1に，熊本地震のような直下型地震による被害の大前提として，活断層からの距離や地盤の強さが影響を及ぼすことは確実である。しかしながら，以下のような要因も地域差をもたらすと考えられる。

　第2の要因としては，工業団地の立地年代がある。古い工業団地は熊本市に近く，地元中小企業中心である。建物の老朽化が進んでおり，大きな被害に見舞われるものが多かった。それに対して，1980年代以降の工業団地はテクノポリス政策により主に公的機関が建設したものであり，より大規模で誘致企業中心で，立地場所は熊本市からより離れている。被害は少ないようにみえる。

　第3に，企業の規模である。古い工業団地は中小企業が多く，大企業よりも防災対策が不十分な企業が多かった。

　第4に，業種による違いである。重装備型の産業では被害が大きく，また食品関連など，地下水を利用する工場の復旧が遅れるようである。

　以上に述べた仮説はまだ定量的に実証されたものではない。今後さらに実態把握を進め，その妥当性を検証していく必要がある。

むすび

　本章では，熊本地震による製造業の被害状況と復旧・復興の過程についての現状把握を試みた。これまでに明らかになったことをまとめると以下のようになる。

　第1に，製造業における被害は，建屋や生産設備の倒壊・破損等の物的被害が中心であり，布田川―日奈久断層帯の近傍に立地する企業で物的な被害が大きいなど，局地的に大きく異なることが判明した。この点は内陸直下型地震の特徴と理解できよう。

　第2に，生産停止の影響として，当地域での生産停止がサプライチェーンの途絶をもたらし，生産停止が他地域に波及する例があった。生産停止期間は数日から数週間という企業が多かったが，被害状況によっては再開が長期化する場合もあった。東日本大震災を経験した進出企業が事業継続計画（BCP）に基

づき復旧に取り組んだことが比較的早期の操業再開に寄与した。

　第3に，被害の地域的差異に関しては，活断層からの距離や地盤の強さを大前提として，立地基盤整備の年代の違い，企業規模，業種などが影響しているとの仮説を提示した。

　本章により，以上のような示唆を得ることができたが，まだ実証に足る十分な根拠があるわけではない。今後，大規模な実態調査によって検証する必要がある。その際には，地域内外の諸要素との関連（自然的基盤，歴史的経緯，制度的・社会的側面など）や，過去から現在に至る長期的視点が不可欠である。

　最後に，熊本地震からの製造業の復興についての展望を記しておきたい。

　第1に，防災対策の一層の充実に向けた取り組みが必要である。筆者も含めて，「まさか熊本で地震が」というのが熊本の多くの人の率直な感想である。1889（明治22）年の明治熊本地震[15]をはじめ，過去の教訓が風化しているといわざるを得ない。今後，適切な情報発信の必要があるが，その基礎として学術的見地から適切に記録しておくことが重要である。

　第2に，グループ補助金をはじめとする支援策が被災企業の再建に大きく寄与したことは間違いない。しかし，補助金の使い勝手の悪さも多数指摘されている。東日本大震災等の過去の災害の経験をふまえて徐々に改善はなされているものの，さらなる改善が必要である。

　第3に，産業立地政策についてである。熊本県内の企業立地は立地基盤が重点的に整備された熊本都市圏に集中しており，県南部や阿蘇地域への立地は少なく，地域的差異が大きかった。熊本地震が熊本都市圏を直撃したことで，企業立地の地域的偏在の弊害が露呈することとなった。県が提唱する「創造的復興」に当たっては，熊本一極集中的な県土構造の見直しが不可欠である。熊本県では従来の企業誘致政策を軌道修正し，2017年度に投資額1千万円以上，雇用3人以上の小規模な研究開発拠点の立地に対する新たな補助制度を設けた[16]。中山間地域へのIT産業の誘致などを想定したものであるが，今後の動向を注視すべきである。加えて，老朽化した工業団地の防災対策と更新をいかに進めていくかという点も大きな課題である。

---

15) 明治熊本地震の発生状況と被害については山中（2015）を参照のこと。

16) 「企業立地件数「北高南低」鮮明に　軌道修正へ，県が新制度　小規模拠点に狙い」『熊本日日新聞』2017年12月21日朝刊。

本章では大企業の被害状況の把握が主体となっており，中小企業の実態把握については紙幅の都合で十分に記述できなかった。今後さらに実態把握を進め，熊本地震による被害の全体像を解明していく必要がある。

付記

本章は，拙著「熊本地震に伴う製造業の被災状況と復旧過程の地域性」『経済地理学年報』第64巻第2号，2018年6月，pp.138-149を基礎として，さらに第4節とむすびを加筆して掲載したものである。

本章作成に当たり現地調査に応じてくださった各企業と熊本県工業連合会事務局をはじめ，関係機関の皆様から多大なご協力を頂いた。熊本学園大学の伊東維年特任教授，熊本大学の米島万有子准教授からは種々ご教示頂いた。以上篤くお礼申し上げる。本章は経済地理学会熊本地域大会シンポジウム（2017年11月26日，熊本大学）で報告した内容の一部であり，東京地学協会平成28年度熊本地震関連緊急研究・調査助成金「熊本地震に伴う地域産業の被災状況と復興過程に関する地理学的研究」（研究代表者：鹿嶋　洋）および JSPS 科研費JP16K03194の助成を受けた。

参考文献

伊東維年（1992）:『戦後地方工業の展開―熊本県工業の研究―』ミネルヴァ書房。

伊東維年（1998）:『テクノポリス政策の研究』日本評論社。

伊東維年（2015）:『シリコンアイランド九州の半導体産業―リバイタリゼーションへのアプローチ―』日本評論社。

伊東維年（2017）:「熊本地震に伴う大手半導体メーカーの被害状況と復旧過程」『松山大学論集』第29巻第4号，pp.65-96。

小田宏信（2006）:「工業の空洞化と地方機械工業地域」竹内淳彦編著『環境変化と工業地域　改訂版』原書房，pp.126-145。

鹿嶋　洋（2015）:「熊本県工業の地域的性格―工業化の過程と地域差の拡大―」山中進・鈴木康夫編著『熊本の地域研究』成文堂，pp.137-155。

熊本県企業誘致連絡協議会（2017）:『熊本地震　復旧の軌跡　創造的復興へ〜誘致企業は如何にしてその危機を乗り越えたのか〜』EPOCAL（熊本県企業誘致連絡協議会会報）Vol.31。

国土地理院（2016）:「平成28年熊本地震の震源断層モデル（暫定）」（http://www.

gsi.go.jp/common/000140781.pdf）。

竹内淳彦（1978）：「東京における小規模工場の集団化」『人文地理』第30巻，pp. 289-306。

地震調査研究推進本部地震調査委員会（2013）：「布田川断層帯・日奈久断層帯の評価（一部改訂）」（https://www.jishin.go.jp/main/chousa/katsudansou_pdf/93_futagawa_hinagu_2.pdf）。

中小企業庁編（2006）：『中小企業白書　2006年版』ぎょうせい。

友澤和夫（1989）：「周辺地域における工業進出とその労働力構造―中・南九州を事例として―」『地理学評論』第62巻（Ser.A）第4号，pp.289-310。

内閣府防災担当（2017）：『企業の事業継続に関する熊本地震の影響調査報告書』（http://www.bousai.go.jp/kyoiku/kigyou/topics/pdf/kumamoto_report.pdf）。

百瀬恵夫（1976）：『企業集団化の実証的研究』白桃書房。

百瀬恵夫（1979）：『中小工業団地の理論と政策』白桃書房。

山口不二雄（1982）：「電気機械工場の地方分散と地域的生産体系―宮城県・熊本県の実態調査事例の分析を中心に―」『経済地理学年報』第28巻第1号，pp.38-59。

山中　進（1986）：「熊本の電子部品工業」井出策夫・竹内淳彦・北村嘉行編『地方工業地域の展開』大明堂，pp.297-309。

山中　進（2015）：「熊本大地震の記録」山中進・鈴木康夫編著『熊本の地域研究』成文堂，pp.61-77。

ルネサスエレクトロニクス（2011）：「東日本大震災への対応――一日も早い製品供給をめざして―」『CSR・環境レポート2011』（https://www.renesas.com/ja-jp/media/about/company/csr/2011_csr_03.pdf）。

渡辺幸男（2004）：「誘致工場と機械金属産業集積の新たな形成―熊本県の事例を中心に―」『三田学会雑誌』97巻第2号，pp.257-279。

第3章

熊本地震と半導体産業
―大手半導体メーカーの被害状況と復旧過程―

伊東維年

はじめに

　日本は「地震大国」である。1995年以降だけでも兵庫県南部地震（阪神・淡路大震災，1995年1月），三陸南地震（2003年5月），新潟県中越地震（2004年10月），東北地方太平洋沖地震（東日本大震災，2011年3月）と相次いで大規模地震が発生した。大規模地震の発生確率が低いと見られていた熊本においても2016年4月に大規模地震が起こり，大きな被害をもたらした。

　「平成28年（2016年）熊本地震」（以下，「熊本地震」と略称する。）では，4月14日21時26分に熊本県熊本地方を震央とするマグニチュード（気象庁Mj）6.5の地震（前震）が発生し，熊本県益城町で震度7を観測した。その28時間後の4月16日1時25分には，同じく熊本県熊本地方を震央とするマグニチュード7.3の地震（本震）が発生し，益城町と西原村で震度7を記録した。九州地方で震度7の地震を記録したのは，気象庁の観測が始まって以降初めてのことであり，前掲の地震と比較すると，熊本地震のマグニチュードと最大震度は兵庫県南部地震（マグニチュード7.3，最大震度7）と同規模である[1]。

　大規模地震は，言うまでもなく当該地域の人，家屋，企業などに甚大な被害を及ぼす。企業にとっては存亡の危機に立たされるケースも少なくない。本章では，熊本地震の震源地付近に半導体前工程・一貫工場を展開している三つの大手半導体メーカーを取り上げ，熊本地震に伴う被害状況と復旧過程を考察し，今後も発生が予想される大規模地震に対する半導体メーカーの対応策について

1）小田・東・松永・山中・溜渕・秋野（2016）p.3。

言及したい。まず第1節では，地震に対する半導体産業の脆弱性に関して触れておく。続く第2節から第4節にかけては，熊本地震に伴うルネサスセミコンダクタマニュファクチュアリング㈱川尻工場，ソニーセミコンダクタマニュファクチャリング㈱熊本テクノロジーセンター，三菱電機㈱パワーデバイス製作所熊本事業所の三つの半導体前工程・一貫工場の被害状況と復旧過程，および各メーカーの損失額（直接・間接の影響額）について順に考察する。そしてこれらの考察をもとに最後の第5節において，地震に対する半導体メーカーの対応策，とくに半導体メーカーのBCP（Business Continuity Plan，事業継続計画）と半導体関連産業を含めたメーカー間の相互連携・協力に的を絞り言及することにしたい。

　本章を執筆するに当たり前掲の三つの半導体前工程・一貫工場のヒアリング調査を行った。また，熊本大学主催のシンポジウム「半導体先端工場の地震対策」（2017年3月18日開催）に参加し，ルネサスセミコンダクタマニュファクチュアリング宮本佳幸代表取締役社長およびソニーセミコンダクタマニュファクチャリング上田康弘代表取締役社長から熊本地震に伴う両社の半導体工場の被害・復旧状況および今後の地震対策に関する講演を聴講した。

　大規模地震における半導体工場の被害状況，復旧過程，対策については，阪神・淡路大震災における三菱電機の半導体開発部門の被害と対策を著した平山誠（1996）の論説，東日本大震災で深刻な被害に見舞われたルネサスエレクトロニクス那珂工場の被害からの復旧過程を克明に辿った木村雅秀（2012a,b,c）のレポート，同じく東日本大震災における半導体工場の被害・復旧状況を書き表した藤田聡・皆川佳祐（2012）の論文や林田吉生（2013）の研究紹介などがある。さらに，半導体産業のBCPに関しては，SEMI（Semiconductor Equipment and Materials International）北米地区事業継続協議会が2003年に公表した"The SEMI Business Continuity Guideline for the Semiconductor Industry and its Supply Chain"や中村和仁（2006），黄野吉博（2007），粕淵義郎・中野晋（2011）の研究論文などがある。

　本章は，前記のヒアリング調査，講演，先行研究などを参考にして著した。

第3章　熊本地震と半導体産業

第1節　地震に対する半導体産業の脆弱性

　半導体が「産業の米」としてユビキタス情報社会（Ubiquitous Information Society）の実現に貢献してきたように，近未来のアンビエント情報社会（Ambient Information Society）の実現においても高性能のセンサーをはじめ進化した各種の半導体がキーテクノロジーとして重要な役割を果たすことは間違いない[2]。このように，秒進分歩と称されるほど早い技術革新によって進化を遂げ，アプリケーション分野を拡大してきた半導体，そしてそれを製造する半導体産業は生活・産業・社会のインフラストラクチャーであり，それらを変革する原動力でもある。それだけに生活・産業・社会に対する半導体，半導体産業，半導体メーカーの影響力は大きい。

　しかし，その一方で半導体産業は災害，とくに地震に対して脆弱性を有する産業である。半導体の製造工程では，ナノメートルレベルの超微細なパターンを形成しているため，そこで用いられる製造装置・製造設備は性質上振動には極めて弱い[3]。特に，高温の炉内にシリコンウェハを導入し，酸化雰囲気でSi（シリコン）表面にSiO2膜（Si酸化膜）を形成したり，ウェハ表面に導入された不純物（dopant，ドーパント）を熱により活性化させたり，不純物を所定の深さまで拡散させるための熱処理炉である酸化・拡散炉や，薄膜材料を構成する元素からなる1種または数種の化合物ガス，単体ガスをウェハ上に供給し，ウェハ表面で化学反応により所望の薄膜を形成するCVD装置（Chemical Vapor Deposition System，薄膜形成装置）といった装置の炉芯管に使用される石英ガラス管（石英ガラス治具）は振動に対して損傷しやすい。「光学レンズ機構を持つスキャナー装置やステッパー装置も振動に弱く，強い加速度を伴う地震動には極めて脆弱である」[4]。

　また，微量のパーティクルや有機物ダスト，金属原子，各種のイオンなどの不純物が存在すると，正常なパターン形成を阻害するため，半導体の前工程（ウェハ処理工程）はクリーンルーム内にて行われる。このクリーンルームに

───────────

2）アンビエント情報社会と半導体の役割・関連については，電子情報技術産業協会ICガイドブック編集委員会（2012）pp.20-27を参照されたい。

3）藤田　聡・皆川佳祐（2012）p.655-7。

4）粕淵義郎・中野　晋（2011）p.I_90。

57

は，室内の温度，清浄度を確保する空調・除塵設備，製造装置に必要な冷却水，特殊材料ガス，純水などを供給するユーティリティ設備，これらの設備の冷却，加温，加湿などを行う熱源設備，室内の状態，設備機器の運転・停止動作，故障の把握などを行う監視・制御設備が必要である[5]。地震等の災害によりクリーンルームの外壁が損壊し，外気が侵入すると，また地震等の災害に伴う停電や損傷によってクリーンルームを構成するこれらの設備が1か所でも停止すると，クリーンルーム内の仕掛かりウェハが不純物に汚染され，あるいは特性不良を起こすなど使用不可能となる。前工程で使用される，可燃性，毒性，腐食性といった危険性の高いガスや薬液を供給するユーティリティ設備が損壊した場合には，工場内だけでなく，周辺地域にも漏洩して被害を及ぼす。

　それだけではなく，地震等の災害により半導体製造装置・設備が損壊した場合には，生産ラインの不稼働・低稼動によって生じる半導体メーカーの機会損失も大きく，生産ラインの不稼動が1週間続いただけでも，半導体メーカーにとっては物的損失を大幅に上回る機会損失が発生すると称されるほどである。

　さらには，半導体産業は半導体関連材料・部材から半導体設計・設計ツール，組込みソフトウェア，半導体製造装置・設備，メンテナンス，半導体商社等に至るまで，幅広い業種や分野に関係した裾野の広い関連産業を必要としており，地震等の災害によってサプライチェーンが寸断された場合には生産ラインの不稼動に追い込まれることになる。

　このように，半導体産業は災害，とくに地震に対して脆弱性を有している。このことは，兵庫県南部地震や東北地方太平洋沖地震によって証明されたことであり，熊本地震によっても改めて証明された。

---

5 ）「クリーンルームの概要」㈱日立プラントサービスの Web ページ（http://www.hitachi-hps.co.jp/business/cleanroom/outline/index.html，2017年7月8日アクセス）参照。

第3章　熊本地震と半導体産業

第2節　熊本地震に伴うルネサスセミコンダクタマニュファクチュアリング㈱川尻工場の被害状況と復旧過程，およびルネサスエレクトロニクス㈱の損失額[6]

1　ルネサスセミコンダクタマニュファクチュアリング㈱川尻工場の概況

　ルネサスセミコンダクタマニュファクチュアリング㈱川尻工場（以下，「ルネサス川尻工場」と略称する。写真3-1）は，日本電気（NEC）によって1969年9月に設立され，翌1970年4月に操業を開始した九州日本電気を起源と

写真3-1　ルネサスセミコンダクタマニュファクチュアリング㈱川尻工場
資料：ルネサスエレクトロニクス㈱提供。

---

6) ルネサスセミコンダクタマニュファクチュアリング㈱川尻工場については，同工場でのヒアリング調査（2017年1月26日），Eメールでの問い合わせに対する回答（2017年1月27日），熊本大学主催のシンポジウム「半導体先端工場の地震対策」（2017年3月18日開催）における同社宮本佳幸代表取締役社長の講演「ルネサスセミコンダクタマニュファクチュアリング熊本の震災復興」，ルネサスエレクトロニクス㈱のニュースリリース「『熊本地震』による当社事業への影響について（第1報：2016年4月15日～第8報最終報：2016年5月23日）」，熊本県企業誘致連絡協議会（2017）pp.19-20の「BCPが有効に機能し早期復旧を実現　東日本大震災の教訓を生かし　ルネサスセミコンダクタマニュファクチュアリング㈱川尻工場」をもとに，今村　徹（2016），熊本日日新聞社編集局（2016）p.135，松本泰治（2016），産業タイムズ社（2016）p.266の「ルネサスセミコンダクタマニュファクチュアリング㈱熊本川尻工場」，新聞各社の記事などを参考にして著した。

している。その後，紆余曲折を経て2010年4月に，親会社であったNECエレクトロニクスがルネサステクノロジと合併してルネサスエレクトロニクスが設立されたのに伴いルネサスセミコンダクタ九州・山口の本社・熊本川尻工場となった。さらに，2014年4月に実施されたルネサスエレクトロニクスの国内製造関連グループの再編により，現在の社名・工場名となっている。

ルネサス川尻工場は，現在，第8工場（3階建て，延べ床面積約5万m^2）にある第8拡散ライン（8インチウェハライン）において車載用マイコンを中心に，各種のマイコン，システムLSI，パワー半導体の前工程（ウェハ処理工程）を行っており，同社のマイコンの主力工場と位置づけられている。ヒアリング調査を行った2017年1月26日現在，従業員数は920名ほどで，2016年4月の熊本地震の際にも同じ従業員数を有していた。

本工場は，熊本市内の南部に当たる熊本市南区八幡に立地しており，熊本地震の前震の震央から約11km離れ，前震が発生した4月14日21時26分には震度6弱の揺れを，本震の震央からは約13km離れ，本震が発生した4月16日1時25分にも同じく震度6弱の揺れを受けた（図3-1）。

2 被害状況

（1）人的被害

4月14日の前震発生当時，製造ラインで勤務していた従業員はおよそ180名いたが，本工場は地震発生後直ちに稼働停止，行動マニュアルに従って従業員を屋外へ誘導した。安否確認システムに則り全従業員の安否確認をした結果，従業員には全く被害はなかった。

その後，再び従業員が工場内に入れるか否かを見極めるため，各種の監視モニターで工場内の有害物質の濃度等を計測し，安全領域内にあることを確認したうえで，トレーニングを積んだ専門のメンバー（Emergency Response Team，ERT）が空気呼吸器を背負って工場内に入り，内部の点検作業を行った。

その結果，稼働再開は無理と判断し，機械・設備の保全員とオペレーターに分け，保全員70名ほどを残して，オペレーター110名を帰宅させた。以降，4月14日の夜勤（勤務時間：22時20分〜5時50分）からオペレーターは自宅待機となった。

第3章 熊本地震と半導体産業

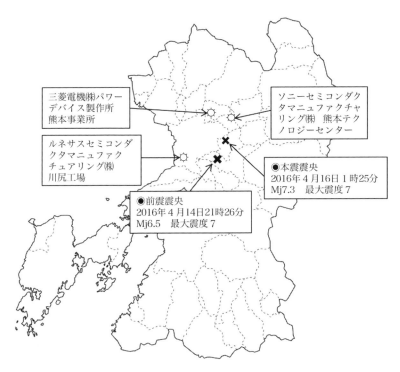

図3-1 熊本地震の震央と大手半導体メーカー3社3工場の位置
資料：国土地理院、気象庁の資料などにより筆者作成。

　翌4月15日には保全員が出勤し，地震が断続的に続くなか，建屋，付帯設備，生産設備の被害状況の確認作業を行った。

　4月16日の本震発生時には，保全員50名ほどが出勤し，生産設備等の被害状況の確認作業に従事していた。この本震発生の際にも全員が屋外に避難し無事であった。東日本大震災によりルネサス那珂工場が被災した際には，軽傷者1名，骨折者1名が出たが[7]，川尻工場においては地震による人的被害は全く出なかった。川尻工場では地震を想定した避難訓練は行っていなかったものの，火災を想定した避難訓練を定期的に行っていた。これに加え，地震発生に伴い危険性の高いガスや薬液の供給を自動的に閉止する遮断弁が作動し，ガス漏れ

---

7) 木村雅秀（2012c）p.73参照。

61

が発生しなかったこと，東日本大震災の教訓をもとに建屋，付帯設備，生産設備の地震対策が強化され，揺れによる生産設備の転倒・大幅な移動の防止策，天井の構造物落下対策などが講じられたことが人的被害を出さなかったことに繋がったと考えられる。

（2）建屋，付帯設備，生産設備の被害状況

　建屋，クリーンルームには大規模な損傷はなかった。その一方で，純水貯水タンクや上水用のタンクが損傷したり，装置に繋がっている配水管が破損したため，いたるところで漏水が生じた。とりわけウェハ測定（検査）ラインにおいて漏水が顕著であった。

　製造装置は，免震台に載せ，クリーンルームのグレーチング床の下の躯体に固定していたため，転倒や移動はなかったものの，ステッパー（縮小投影型露光装置）の投影レンズの位置ずれ・破損や，精度の高いそれぞれの装置のユニット部分の設定にくるいが生じた。また，一部に装置配管が破損していた。中でも，装置と装置の間，ウェハ等をストックしている棚と棚の間を連結している搬送系の装置は物理的に大きなダメージを受けた。

　半導体の製造材料や各種機械部品・治工具の分野では，酸化・拡散炉やCVD装置，洗浄容器等に使用される石英ガラス治具が大きな被害に遭った（写真3-2）。製造途中にあるウェハについても，本震により35％が被害を負った。

3　復旧過程

　4月14日の地震発生後直ちにルネサスエレクトロニクスでは本社に緊急対策本部を，川尻工場に現地対策本部を設置した。16日の本震を受けて川尻工場では17日にクリーンルームや各種製造設備の被害状況の再調査を実施し，その状況を踏まえて緊急対策本部及び現地対策本部にて検討を行い，復旧計画（図3-2）を作成し，それをもとに18日から復旧作業に取り掛かり，22日よりウェハ測定工程から生産を再開した。その後，製造装置が復旧した工程から生産を順次再開し，5月22日に震災前の生産能力（生産着工ベース）へと復旧させた。

　復旧の中心作業となったのは，石英ガラス治具の交換，破損し飛散した石英ガラスの除去，製造装置の修復，支援要請等であった。

第3章 熊本地震と半導体産業

写真3-2 石英ガラス治具の損傷
資料：ルネサスエレクトロニクス㈱『変革プラン振り返り』2016年5月11日，p.3。

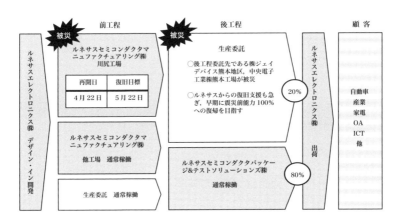

図3-2 ルネサスエレクトロニクス㈱の「震災からの復旧計画」
注：復旧とは，震災前の生産能力に100％復帰させること（生産着工ベース）を指す。
資料：ルネサスエレクトロニクス㈱『変革プラン振り返り』2016年5月11日，p.4の「震災からの復旧計画」に修正を加え筆者作成。

破損し交換に要した石英ガラス治具の90％は予備への取り換え，8％は他工場からの持ち込みで済ませ，調達まで時間を要する新規購入分は2％に過ぎなかった。

復旧には，ルネサスエレクトロニクス本社（約20名），装置メーカー（90社，延べ4,400名），トヨタ自動車（同15名），デンソー（同268名）から支援を受けた。装置メーカーが4月18日にどこよりも早く支援に駆けつけたことで，工場内で育成していた自前で製造設備を修理できる保全多能工と一体となって製造設備の復旧作業に当たった。被害に見舞われた後工程委託先2社も5月10日までに復旧し，本震後35日という早さで復旧を完了させることができた。このため，代替生産を行うこともなかった。

4　ルネサスエレクトロニクス㈱の損失額

ルネサスの『第15期（自平成28年4月1日　至平成28年12月31日）有価証券報告書』では，熊本地震の損失額として，固定資産の修繕費43億55百万円，操業休止の固定費21億14百万円，たな卸資産廃棄損18億35百万円，その他6億11百万円，計89億15百万円（未収受取保険金10億円を含む。）を計上している。そのほかに，熊本地震で川尻工場の生産ラインが稼働停止したことにより売上高が減少し，また機会損失の発生により営業利益が減少したことを記載している。なお，同社が2016年6月7日に発表した『2016年12月期第1四半期業績予想』においては，川尻工場の稼働停止による売上高影響として140億円の減収，売上（生産）減による営業利益への影響として80億円の減益を見込んでいる。

第3節　熊本地震に伴うソニーセミコンダクタマニュファクチャリング㈱熊本テクノロジーセンターの被害状況と復旧過程，およびソニー㈱の損失額[8]

1　ソニーセミコンダクタマニュファクチャリング㈱熊本テクノロジーセンターの概況

ソニーセミコンダクタマニュファクチャリング㈱熊本テクノロジーセンター（以下，「ソニー熊本 TEC」と略称する。）は，ソニー（SONY）㈱が，ソニー国分㈱・ソニー大分㈱・ソニー長崎㈱の3社を合併して2001年4月に設立した

第3章 熊本地震と半導体産業

写真3-3 ソニーセミコンダクタマニュファクチャリング㈱熊本テクノロジーセンター
資料：ソニーセミコンダクタマニュファクチャリング㈱提供

ソニーセミコンダクタ九州㈱（本社，福岡市）の第4のテクノロジーセンターとして熊本県菊池郡菊陽町原水のセミコンテクノパークに創設したソニー初の300 mmウェハ使用の一貫生産工場である（写真3-3）。2001年10月に竣工・稼働開始した1号棟と，2005年5月に着工，2006年5月から稼働（量産開始）した2号棟を有している。1号棟ではデータプロジェクター向けなどのH-

---

8) ソニーセミコンダクタマニュファクチャリング㈱熊本テクノロジーセンターについては，同工場でのヒアリング調査（2017年2月7日），Eメールでの問い合わせに対する回答（2017年5月11日），熊本大学主催のシンポジウム「半導体先端工場の地震対策」（2017年3月18日開催）における同社上田康弘代表取締役社長の講演「熊本地震振り返り」，ソニー㈱のニュースリリース「平成28年（2016年）熊本地震の影響について（第1報：2016年4月18日〜第4報：2016年5月13日）」，ソニー㈱『2015年度連結業績概要（2016年3月31日に終了した1年間）』（プレゼンテーション資料）2016年4月28日の「■地震の影響について」pp.2-5，熊本県企業誘致連絡協議会（2017）pp.9-10の「想定外の激震も1か月前倒しで完全復旧　BCPの見直しで生産再開を2か月以内へ　ソニーセミコンダクタマニュファクチャリング㈱熊本テクノロジーセンター」をもとに，毎日新聞西部本社（2017）pp.53-54，甲木昌宏（2016）pp.61-62，産業タイムズ社（2016）p.225の「ソニーセミコンダクタマニュファクチャリング㈱熊本テクノロジーセンター」，新聞各社の記事などを参考にして著した。

LCD（高温ポリシリコン液晶ディスプレイ）と，デジタルカメラ，カムコーダなどに組み込まれる CCD イメージセンサー（固体撮像素子）の量産を，2号棟では CMOS イメージセンサーと CCD イメージセンサーの混流生産を行っている。

ソニーセミコンダクタ九州は，2013年4月に本社所在地を福岡市から，既に実質的な本社機能を有していた熊本 TEC に移転し，さらに2016年4月には社名を現在のソニーセミコンダクタマニュファクチャリング㈱に変更している。

ソニー熊本 TEC の従業員数は，2017年4月1日現在約2,700名である。熊本地震が発生した2016年4月には約3,200名を数えた。

ソニー熊本 TEC は，熊本地震の前震の震央から約17km 離れ，前震が発生した4月14日21時26分には震度5強の揺れを，本震の震央からは約12km 離れ，本震が発生した4月16日1時25分には震度6強の揺れを受けた（前掲図3-1参照）。

2 被害状況
（1）人的被害

4月14日の前震発生当時，ソニー熊本 TEC において勤務していた従業員は約1,200名，このうち約500名が製造ライン内で業務に従事していた。地震発生と同時に従業員は建屋外に一斉に避難を開始した。避難訓練で使用していた避難経路の中にはパネルの剥落等で行方を阻まれ使用できないところもあり，従業員の避難には訓練時以上の時間を要したが，全員無事に避難した。社員の安否確認は早期にできたが，請負会社の社員の出退勤については請負会社の監督に任されていたので，請負会社の社員の安否確認に時間が掛かった。また，製造ライン内で業務に従事していた従業員は，通勤に利用する自動車や自宅の鍵をロッカーに入れたままで避難したことから，帰宅するのに困難を来した。このため，現在ではクリーンルーム内の従業員にも鍵を持たせて入室させている[9]。

前震を受けて生産ラインが停止したため，翌4月15日から復旧作業準備要員と保安要員を除き，従業員は自宅待機となった。これら復旧作業準備要員と保

9）毎日新聞西部本社（2017）p.54。

安要員は，余震が続くなかで建屋や製造装置の被害状況の確認作業に従事した。この確認作業中の16日深夜，約60名の復旧作業準備要員と保安要員が本震に見舞われた。しかし，全員が無事避難した。このため，ソニー熊本TECにおいても熊本地震による従業員の人的被害はなかった。

（2）建屋，付帯設備，生産設備の被害状況

その一方で，上田康弘社長が地震発生後初めて被災現場に足を踏み入れた時「現場を前に足がすくんだ。熊本からの撤退を考えるほど状況はひどかった」[10]と語るほど物的被害は甚大であった。それは，ソニー熊本TECの想定を超えた地震の揺れにあった。熊本TECでは，地震が発生しても震度6，振動加速度360ガル（Gal）までは耐えられる耐震構造を設定していた。従って，前震が発生した際には，震度5強，地表面で最大加速度369ガルの揺れ（推定），すなわち熊本TECが想定していた程度の揺れで，被害も少なかった。しかし，本震の際には想定の2倍の加速度708ガルの振動（推定）が発生し，被害を大きくした。

建屋については，建屋を支えるH形鋼（H-beam）の変形，H形鋼の土台の粉砕（写真3-4），ブレースの座屈変形，配管の破損，捩じ切れたボルト，パネルの剥落，天井の落下，事務棟と工場棟の連結部の損壊などが見られた。

熊本TECのクリーンルームは図3-3のように二層構造になっている。低層階のクリーンルームはより高い精密度を要求されるウェハ処理工程を設置しており，強固な構造体として建造されていた。このため，低層階の「クリーンルームとその中の生産ラインには大きな悪影響は生じ」[11]なかった。それでも，拡散炉が破損し（写真3-5），石英ガラス治具が損壊し，自動搬送装置のレールが落下した（写真3-6）。天井や壁，排気ダクト，配電設備なども剥がれ，落下した。製品ストッカーが壊れ，いたるところでフープ（FOUP，SEMI規格に準拠している300mmウェハ用の搬送容器）が落ち，割れたウェハが散乱した。また露光装置の免震架台が破損し，その修復が生産ラインの立ち上げに時間を要した。

10）同前，p.53。
11）前掲ソニー㈱『2015年度連結業績概要（2016年3月31日に終了した1年間）』（プレゼンテーション資料）p.4。

写真3-4　H形鋼の土台の粉砕
資料：ソニーセミコンダクタマニュファクチャリング㈱提供

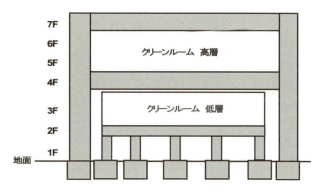

図3-3　ソニー熊本TECの基本構造
資料：ソニー㈱提供。

　他方，高層階のクリーンルームには，組立や測定などの後工程やカメラモジュールの生産設備などが設置されていた。この高層階のクリーンルームは，構造上高位に位置することもあって，地震の揺れがより激しく，甚大な被害が生じた。クリーンルーム自体が損壊し，製造装置，空調設備，配管・配電などファシリティが多大な被害に見舞われた（写真3-7）。量産に向けた準備を行ってきた外販向けの高機能カメラモジュールの設備も被害に遭い，加えてカメラ

第3章　熊本地震と半導体産業

写真3-5　拡散炉の破損
資料：ソニーセミコンダクタマニュファクチャリング㈱提供

写真3-6　自動搬送装置のレール落下
資料：ソニーセミコンダクタマニュファクチャリング㈱提供

69

写真3-7　1号棟6階クリーンルームの損壊
資料：ソニーセミコンダクタマニュファクチャリング㈱提供

モジュールがスマートフォン市場の成熟化などで需要が減少傾向にあることから，ソニーは長期的観点から熊本TECにおける高機能カメラモジュールの開発・製造から撤退することとなった[12]。

今回の熊本地震で熊本TECではクリーンルーム内の製造装置の2割が被害を負った。

3　復旧過程

ソニー熊本TECでは，地震発生直後，対策本部を設置し，4月16日朝から復旧作業準備要員と保安要員で被害の確認作業を開始した。SEAJ（一般社団法人日本半導体製造装置協会）の「災害発生後のクリーンルーム内入室作業に関するガイドラインRev.1.01」に則り本震発生後，24時間以上を経過した後，クリーンルーム内に入り，確認作業を行った。

上田社長は，16日の本震から6日後，ルネサス川尻工場を訪ねた。ルネサスは2011年の東日本大震災で那珂工場が約3か月間操業を停止した経験があり，

---

12) ソニー㈱『経営方針説明会』（スピーチ付き）2017年5月23日，p.18参照。

当時の担当者から復旧スケジュールの立て方についてノウハウ・アドバイスを得るためであった。

4月21日に復旧に向けて決起集会を開き，翌22日から従業員等が建屋内に入り，安全が確認された所から復旧作業を開始した。

熊本TECでは，被害状況の確認，ルネサスをはじめ装置メーカー，関連企業からのアドバイス，早期復旧に向けた準備などを総合的に検討した結果，大きな損傷がなかった低層階のウェハ処理工程については5月末を目途に稼働を開始することを見込み，4月28日に公表した。

復旧のために，同社の他工場からの社員をはじめ，プラントメーカー，装置メーカー，サプライチェーンに関わる企業から，最大時には2,500〜2,600名が支援に駆けつけ，専門技術・技能を活かし分担して復旧作業に当たった。

実際に稼働開始が早かったのは，高層階に位置する，後工程の一部である測定工程で，5月9日より段階的に稼働を再開した。高層階に位置する組立工程など他の工程については，5月17日より順次稼働を開始した。低層階に位置するウェハ処理工程は，テストランを行ったうえで，5月21日から順次稼働を開始し，7月末までに全工程の生産を再開した。9月末には出荷ベースで震災前の水準に回復した。

上田社長は，熊本TECが復旧までに3か月半の長期間を要した要因について次の三つのことを挙げている。一つは必要な耐震強度を見落としていたこと，二つは地震の揺れに対する想定の甘さ，三つはプロアクティブな行動になっていなかったこと，すなわち東日本大震災によって深刻な被害に見舞われたルネサス那珂工場に本社を置くルネサスの前工程製造子会社，ルネサスセミコンダクタマニュファクチュアリングの宮本佳幸社長から震災復旧のノウハウについて教えを請うていれば，1か月くらいは復旧が短縮したであろうということである。なかでも，プロアクティブな行動になっていなかったことが決定的な要因であったと述べている。

4　ソニー㈱の損失額

ソニーの『2016年度（自2016年4月1日　至2017年3月31日）有価証券報告書』では，熊本地震による被害に直接関連する修繕費及び棚卸資産の廃棄損等を含む追加の損失及び費用（以下，「物的損失」と略称する。）として166億82

表3-1　ソニー㈱における熊本地震の営業利益への影響額の試算

(単位：億円)

		1Q 試算額	2Q 試算額	3Q 試算額	4Q 試算額	年間 試算額
イメージング・プロダクツ &ソリューション(IP&S)	地震影響 (機会損失のみ)	△70	△30	△5	―	△105
半導体	地震影響合計	△247	△99	△31	△11	△388
	物的損失	△68	△72	△17	△10	△167
	復旧費用・その他	△13	△3	△1	△1	△18
	機会損失	△166	△24	△13	―	△203
全社(共通)	地震影響 (機会損失のみ)	△25	△8	△2		△35
連結	地震影響合計	△342	△137	△38	△11	△528
	物的損失	△68	△72	△17	△10	△167
	復旧費用・その他	△13	△3	△1	△1	△18
	機会損失	△261	△62	△20	―	△343

注：1．表に記載している数値には，受け取りを見込んでいる保険金は含まない。
　　2．機会損失には，稼働停止期間中の製造事業所の固定費などを含む費用および販売機会の喪失による逸失利益を含む。
　　3．全社（共通）の機会損失は，IP&S分野および半導体分野の売上高が地震前の想定を下回ることにより，売上高に応じて配賦されるべき固定費が両分野へ配賦されないことによる。
資料：ソニー㈱『2016年度連結業績概要（2017年3月31日に終了した1年間）』2017年4月28日，p.5の表「熊本地震の営業利益への影響額の試算」を一部修正して筆者作成。

百万円，稼働停止期間中の製造事業所の固定費等を含む費用として93億65百万円を計上しており，また物的損失のうち，106億82百万円は保険金請求により回収する保険収入により相殺されるとして，当年度の連結損益計算書の売上原価には，熊本地震に関連する費用（純額）154億円が半導体分野に計上されている。

　ソニーが2017年4月28日に発表した『2016年度連結業績概要（2017年3月31日に終了した1年間)』は，「熊本地震の営業利益への影響額の試算」として表3-1を提示している。それによると，年間試算額（連結）は，半導体分野で物的損失167億円，復旧費用・その他18億円，機会損失203億円，合計388億円，イメージング・プロダクツ&ソリューション分野の地震影響（機会損失のみ）105億円，全社（共通）の地震影響（機会損失のみ）35億円に及び，地震影響合計額は528億円に上るとしている。

　ソニーが2016年5月24日に発表した『2015年度連結業績概要及び2016年度連

結業績見通し』では，熊本地震の連結営業利益への影響額を合計で約1,150億円と見通していたが，ウェハ投入ベースでのフル稼働が7月末に前倒しできたことなどにより，機会損失が大幅に縮小したため，熊本地震の連結営業利益への影響額は5月の試算額の半額以下となっている。とは言え，熊本地震の連結営業利益への影響額は500億円を上回っており，機会損失は物的損失，復旧費用・その他の合計額のおよそ2倍に達していることは特筆すべきところである。

第4節　熊本地震に伴う三菱電機㈱パワーデバイス製作所熊本事業所の被害状況と復旧過程，および三菱電機㈱の損失額[13]

1　三菱電機㈱パワーデバイス製作所熊本事業所の概況

　三菱電機㈱パワーデバイス製作所熊本事業所（以下，「三菱電機熊本事業所」と略称する。写真3-8）は，三菱電機により1970年3月にトランジスタ・ICを組み立てる熊本第二工場として設立されたもので，以来50年近くの歴史を有す。かつては，電卓用のPMOSICや，MCU，DRAMの生産を行っていたが，96年2月からDRAMと併せてMOS系パワーデバイスの生産を，2002年7月

写真3-8　三菱電機㈱パワーデバイス製作所熊本事業所
資料：筆者撮影（2017年6月18日）

からは IGBT の生産を開始した。

　2003年４月に日立製作所と三菱電機の半導体部門（パワー半導体を除く）を分社・統合して㈱ルネサステクノロジが設立されたことから，三菱電機熊本工場は三菱電機パワーデバイス製作所熊本事業所とルネサステクノロジ熊本工場とに分割されることとなった。その後，三菱電機熊本事業所では同年12月にバイポーラ系パワーデバイスの生産を開始し，翌2004年１月にウェハ裏面ラインを完成させた。さらに，2008年４月に三菱電機がルネサステクノロジ熊本工場を買い戻し，これによって三菱電機熊本事業所のクリーンルームは従前の1.2万 m^{2}から2.4万 m^{2}へと倍増した。同事業所では，現在，パワーモジュール，大電力デバイス，高周波デバイス，ドライバ IC・センサ，光デバイス等のパワーデバイスのウェハ処理工程（表面・裏面工程）および完成ウェハのテストを行っている。

　ヒアリング調査を行った2017年２月15日現在の三菱電機熊本事業所の従業員数は約800名，構内に所在するメルコセミコンダクタエンジニアリング㈱，極陽セミコンダクターズ㈱等の関係会社の従業員数を合わせるとおよそ1,600名が同事業所内で就業している。

　三菱電機熊本事業所は，熊本市北区の東側に隣接した合志市御代志に立地しており，熊本地震の前震の震央から約18 km 離れ，前震が発生した４月14日21時26分には震度５弱の揺れを，本震の震央からは約11 km 離れ，本震が発生した４月16日１時25分には震度６弱の揺れを受けた（前掲図３‒１参照）。

---

13) 三菱電機㈱パワーデバイス製作所熊本事業所については，同事業所でのヒアリング調査（2017年２月15日），三菱電機株式会社パワーデバイス製作所『パワーデバイス製作所（熊本）事業概要ご説明』2017年２月15日，三菱電機㈱『平成28年熊本地震』の影響に関するお知らせ」（2016年４月16日，６月27日），三菱電機㈱「『熊本地震』における当社半導体・デバイス関係　工場の状況について」（2016年４月27日，６月１日，６月27日），熊本県企業誘致連絡協議会（2017）pp.17-18の「『５月末全面再開！』を唱和し，組織は同じベクトルへ　在庫の適正量に確かな指標も　三菱電機㈱パワーデバイス製作所熊本事業所」をもとに，甲木昌宏（2016），産業タイムズ社（2016）p.259の「三菱電機㈱パワーデバイス製作所熊本工場」，新聞各社の記事などを参考にして著した。

第3章　熊本地震と半導体産業

2　被害状況

（1）人的被害

　4月14日の前震発生当時，三菱電機熊本事業所においては事務所に約30名が，製造ラインに220〜230名が勤務していた。地震発生直後から同事業所も操業停止状態となり，災害対策マニュアルに従い全従業員が屋外へ避難した。三菱電機熊本事業所では，夜勤者を対象とした夜間防災訓練を行うなど，事業所の実情を踏まえた防災訓練を実施していたことなどもあって，幸い被害者は誰一人もいなかった。避難後も地震が継続していたこと，設備・機械の損壊状況が不明であったため，従業員をしばらくの間待機させたあと，一部の職員および機械・設備の保安要員を残し，24時までには従業員を帰宅させた。

　三菱電機熊本事業所では，可燃性ガス，支燃性ガス，有毒ガス等のガス漏れが発生した場合には警報機が鳴るシステムが設置されていたが，緊急遮断弁が作動したため，ガス漏れは発生しなかった。しかし，念のためガスマスクを付け，防護服を着た保安要員を24時頃に建屋内に入れ，製造ラインの機械・設備等の状況確認に当たらせた。

　4月15日は，昼勤（9時〜21時）を休みとし，保安要員による工場内の安全確認後，21時から人数を絞り，120〜130人の従業員で機器点検や清掃などの復旧作業を開始した。復旧作業開始後，4時間半近く経過した16日1時25分に本震が発生した。復旧作業に従事していた全従業員は作業長の誘導により屋外へ退避し，3時間程度屋外で待機したのち，工場内で損壊を受けず安全性が確保できた従業員の福祉会館みたいなところで夜を明かした。16日早朝，先遣隊が従業員のロッカーまで行けるかどうか，ガス漏れ，薬液漏れ，倒壊，階段の確保等を確認したあと，従業員を5名ずつのグループに分けロッカーへ向かわせ，着衣や私物を持ち出し，帰宅させることを優先した。この作業に朝7時から始めて昼過ぎまで時間を要した。この本震の際にも重篤な被害者を出さずに済んだ。

（2）建屋，付帯設備，生産設備の被害状況

　建屋は震度6に耐えられるように造られていたため，建屋自体には大きな損傷はなかったが，空中渡り廊下の段ずれ，天井の落下，水漏れなどが生じた。また事務室内のロッカーが倒れ，机が動き，書類が散乱した（写真3−9）。停

75

写真3-9　本震後の事務室
資料：三菱電機㈱パワーデバイス製作所熊本事業所提供。

電しなかったので，クリーンルームは，循環空調機の運転継続により清浄度を維持したものの，被害を負った。例えば，クリーンルームを仕切ったパーティションが位置ずれ，脱離により倒壊したところや，一部に天井が落下し壁が崩れたところがあった。また，配管が落下したり，配管漏れを生じたところが多数見受けられた。

　製造装置は，免震台の上に載せてはいなかったが，特殊な金具を用いて固定していた。しかし，阪神・淡路大震災によって被災を受けた三菱電機北伊丹事業所と同じように，今回の熊本地震によっても，製造装置が被害に遭った。想定を超えた震度・加速度により装置を固定していた金具が飛んでしまったり，装置の固定金具が折れたりしたため，位置ずれを起こした装置が数多くあった。北伊丹事業所のケースでは「転倒にいたる設備は無かった……そして装置本体の破損はほとんど見られなかったことも共通の現象」[14]であったのに対し，熊本事業所においては装置の転倒が起きたばかりでなく，天井の落下で潰れ使用

---

14) 平山　誠（1996）p.229。

できなくなった装置も生じた。

3　復旧過程

　三菱電機では，4月14日の地震発生後直ちに本社に全社災害対策室を，翌15日朝に熊本事業所に現地対策本部を設置した。水・電気・ガスなどのインフラ関係の修理に17日の夕方から取り掛かり，18日には本格的な復旧作業を開始した。建屋・製造ライン内に入り，清掃および設備の詳細確認などを進めながら，早期生産再開に向けた作業に着手した。

　復旧作業には，インフラ関係の工事事業者，建築事業者，装置メーカー，材料・部材メーカーなどのほか，三菱地所，ニコンなどを含め三菱電機グループを挙げて取り組んだ。

　クリーンルームは4月27日に復旧した。その一方で，生産設備の立ち上げ調整作業を継続し，5月9日に調整作業を終えたウェハテスト工程から生産を再開した。その後，電極形成，素子形成（ウェハプロセス）と生産工程の後ろから前へ順に立ち上げ調整作業を進め，5月31日に地震発生前の生産能力に復帰した。

4　三菱電機㈱の損失額

　熊本地震により三菱電機熊本事業所と同時に，三菱電機の全額出資子会社で産業用・車載用中小型液晶ディスプレイを開発・製造しているメルコ・ディスプレイ・テクノロジー㈱（熊本県菊池市）が被害に遭った。三菱電機の『第146期（自2016年4月1日　至2017年3月31日）有価証券報告書』では，熊本地震によって両工場が被災したことによる当連結会計年度の災害損失として，被害の原状回復等に係る固定資産の補修・撤去費，棚卸資産の廃却・検査費，操業度低下期間中の固定費等83億26百万円を計上している。また，電子デバイス事業について，通信用光デバイス等の需要増加により，受注は前連結会計年度を上回ったが，パワー半導体や液晶モジュールの売上減少に加え，円高の影響もあり，売上高は前連結会計年度比12％減の1,865億円，営業利益は，売上減少などにより，前連結会計年度比84億円減の83億円となったことを記載している。

第5節　BCPの絶えざる見直しによる耐震対策の強化とメーカー間の相互協力

　既述のように半導体，半導体産業，半導体メーカーは，生活・産業・社会のインフラストラクチャーであり，それらを変革する原動力でもある。それだけに生活・産業・社会に対する影響力は大きい。しかし，その一方で半導体産業は地震に対して脆弱性を有する産業である。日本では大規模な地震が相次いで発生し，多大な被害をもたらしてきた。その度ごとに，半導体メーカーにおいては，従業員の負傷や設備の損壊等の直接的被害に見舞われるばかりでなく，工場の操業停止に伴うサプライチェーン（供給網）の寸断による間接的な被害をも与えてきた。

　半導体産業にとって事業を中断させるリスクは，もちろん地震のみではない。事故，事件，テロ，停電，水害などがある。2001年9月11日に発生したアメリカの同時多発テロ事件を受けて，SEMIは本部にSEMI北米地区事業継続協議会を設置し，同協議会は，ニューヨークのワールドトレードセンター地区で被災したメリルリンチ証券をはじめとする数社がハリケーン用のBCPを転用し，安否確認，バックアップオフィスの活用，代替ITシステムの確保等を行い，1週間から4週間という短期間で速やかに事業を復旧し，事業の中断を最小限に抑えたことに注目し，これらの企業の事前対策と事後対策を調査研究し，その成果を半導体関係産業向けに提供する目的で，"The SEMI Business Continuity Guideline for the Semiconductor Industry and its Supply Chain"を作成した。本書の第2版は2003年3月に公表され，2004年6月に黄野吉博らによって『半導体関係産業向け事業継続ガイドライン Version3.2』として翻訳されている[15]。

　本書第2版は第1章から第6章までのガイドラインの部分と第7章のBCM（Business Continuity Management，事業継続マネジメント）の各種テンプレートの2部構成になっている。「本書の目的は，半導体関係産業の企業が直面している事業を中断させる脅威に対して理解を深め，リスクを軽減化する方法とその運用を明確にし，事業を継続させること」[16]であるとして，BCMについ

---

15) SEMI North America（2003）邦訳 p.1，黄野吉博（2007）p.330参照。

て大半を割いている。本書は，BCM について「危機に際して，事業活動が全面的に通常の状態に回復するまで，企業が対策を施し，中枢事業を継続／再開できるよう災害からの影響を軽減するため作成した事前対策のプロセス」[17]と定義している。その上で，BCM のプロセスを次の 6 つの構成要素，1. 事業影響分析，2. 事業継続，3. 災害（緊急事態）からの復旧，4. 通常事業への復旧，5. サプライチェーン，6. 各事業所での準備に分けて紹介している。また同時に，BCP は「ある BCM 期間中に行われる，明確に定義された指示，助言，方針および手順を含まなければならない」[18]とし，本書の中で随所に取り上げられている。本書の公表を契機に，BCM，BCP が半導体関連産業の企業の間で世界的に浸透し，日本の大手半導体メーカーにおいても BCM への認識が高まり，BCP の策定に繋がっていった。

ISO 22301：2012 Societal security – Business continuity management systems – Requirements（JIS Q 22301：2013　社会セキュリティー事業継続マネジメントシステム – 要求事項）は，BCM を「組織への潜在的な脅威，及びそれが顕在化した場合に引き起こされる可能性がある事業活動への影響を特定し，主要な利害関係者の利益，組織の評判，ブランド，及び価値創造の活動を保護する効果的な対応のための能力を備え，組織のレジリエンスを構築するための枠組みを提供する包括的なマネジメントプロセス」と，また BCP を「事業の中断・阻害に対応し，事業を復旧し，再開し，あらかじめ定められたレベルに回復するように組織を導く文書化した手順」と定義している。要するに，BCM は BCP を作るための上位概念である[19]。

　日本では，大きな地震の発生の度に，半導体工場が被災を受け，大手半導体メーカーでは地震対策の強化，BCM の改善，BCP の策定・見直しを行ってきた。阪神・淡路大震災で北伊丹事業所が被害に遭った三菱電機はその教訓を活かして各拠点工場で BCP を策定した[20]。2003 年 5 月 26 日の三陸南地震，同年

16）SEMI North America（2003）p.5，邦訳 p.5。
17）同前，p.6，邦訳 p.7。
18）同前，p.2，邦訳 p.3。
19）黄野吉博（2007）p.331。
20）「事業継続計画 機能に差　1 週間で復旧／建物被災で遅れ」『朝日新聞』2016 年 5 月 17 日朝刊。

7月26日の宮城県北部連続地震と二度にわたる大規模地震で約30億円の被害を負った宮城沖電気㈱（現在のラピスセミコンダクタ宮城㈱）は被災後すぐにBCMチームを立ち上げBCPを作成し，防振・耐震工事に取り組むとともに，2005年には特定非営利活動法人リアルタイム地震・防災情報利用協議会（REIC）と共同で緊急地震速報を活用した「リアルタイム地震防災システム」を開発・導入した[21]。

　東日本大震災で主力工場である那珂工場が建屋や生産設備の被災などにより2011年3月の震災発生から6月初旬まで約3か月間操業を停止したルネサスエレクトロニクスは，2011年8月2日開催の2012年3月期第1四半期決算説明会において，BCPの強化策を公表した。ルネサスが公表したBCP見直しのポイントは，(1)耐震強化と復旧加速（耐震強化，早期復旧施策による丈夫な生産工場の構築），(2)代替生産の拡充（マルチファブ化を含めたファブネットワーク構築の更なる加速），(3)リスクコミュニケーション強化（リスクの見える化を推進し，顧客へリスクに合わせた多様なメニューを提供する）といったものである（図3-4，表3-2）。このBCPの見直し・強化策に基づいて，ルネサスは，約100億円を投じて川尻工場を含む国内各地の主要生産拠点において震度6強を想定した耐震補強を進め，2013年9月までに計画されたすべての対策を終えた[22]。今回の熊本地震よる被災からの復旧について，ルネサス川尻工場の佐竹和也工場長は「BCPが有効に機能し，早期に震災前の生産着工ベースに復帰させることができた」[23]「対策を進めているときは正直，半信半疑だったが，実際に被災してみると対策に意味があったことが良く分かった。何も対策をしなかったら復旧はもっと遅れたはずだ」[24]と語っている。

　ソニーセミコンダクタマニュファクチャリングは，熊本地震で甚大な被害に遭った熊本TECについて，今回のような大規模災害が発生した際でも2か月でフル生産に回復するようBCPの見直しを行なった。また，同社は，「今回の経験をソニーだけの知見にとどめず，半導体にかぎらず，いろんな製造業が立

21）沖電気工業株式会社（2006）pp.6-7，新建新聞社（2007）pp.8-13，藤田　聡・皆川佳祐（2012）p.655-4。

22）熊本日日新聞社編集局（2016）p.135，内閣府防災担当（2017）p.75。

23）松本泰治（2016）p.76。

24）熊本日日新聞社編集局（2016）p.135。

第3章　熊本地震と半導体産業

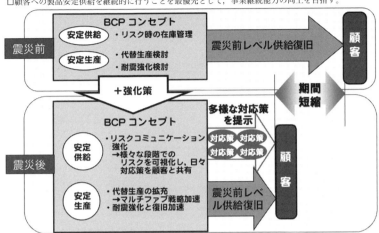

図3-4　ルネサスエレクトロニクス㈱のBCPの強化策（BCPコンセプト）
資料：ルネサスエレクトロニクス㈱『ルネサスエレクトロニクス事業方針』2011年8月2日, p.53
の「ルネサスのBCP」を一部修正して筆者作成。

ち直っていけるノウハウになるよう共有したい」[25]（同社上田康弘社長）との考えから，上田社長自らシンポジウムで講演したり，被災した熊本TECを報道陣に公開したり，熊本TECの被害状況や復旧過程を撮影したDVD・CDを作成・配布し，改定したBCPを，取引先等を対象に公開するなど，積極的に情報の公開・共有に努めている。

「地震大国」日本では，マグニチュード8〜9クラスの巨大地震「南海トラフ地震」の発生が予測されるなど，いつ，どこで大規模地震が発生してもおかしくない状況下にある。これに併せて防振・耐震技術も絶えず進歩している。また企業を巡る国内外の事業環境も刻々と変化している。日本の半導体メーカーにあっては，情報の収集，相互交流を図り，PDCAサイクルに則り継続的なBCPの見直し・改定に努め，耐震対策の強化を図ることが重要である。

日本の大手半導体メーカーはいずれもBCPを作成している。このBCPはBCMに基づき作成されるもので，基本方針，事業の優先順位書，使用部品表，

---

25) 山田奈々（2016）。

表 3-2　ルネサスエレクトロニクス㈱の BCP の強化策のポイント

1．耐震強化，早期復旧施策による丈夫な生産工場の構築
- ■耐震強化
  耐震 6 弱　→　耐震 6 強（東日本大震災と同レベル）へ強化
  ▶前工程 1 か月以内，後工程 0.5 か月以内での生産着手を目標とする。
- ■早期復旧施策
  東日本大震災の被災によるダメージが大きく復旧に時間がかかったポイントを洗い出す。

  用役・建屋・CR 復旧　➡　装置立ち上げ　➡　テストラン
  ・ダクトの修復　　　　　・装置の修復　　　　　・レチクルの手配
  ・ポンプの修復　　　　　・生産治工具の手配

  ▶今回の被災で学んだ上記早期復旧のための強化ポイントを重点的に改善する。
  これらの施策により，壊れにくく直りやすい丈夫な生産工場を構築する。

2．更なる BCP 強化として「ファブネットワーク」構築を加速
- ■100 日プロジェクト当時から計画／推進しているマルチファブ化を含めたファブネットワークの構築を更に加速する。
  ・主力のマイコンでは，90％以上の製品（0.15μm 以下）で顧客の承認があれば，他のファブでの生産が可能な体制の整備を目指す（現状 80％程度）。
- ■システム，アナログ等における一部の製造プロセスの絞込みを行い，よりマルチファブ化がスムーズに実行できる体制を構築する。

3．安定供給への取り組み
- ■リスクの見える化を推進し，顧客へリスクに合わせた多様なメニューを提供する。

部材調達	生　産	販売・物流	顧客

震災前の SCM

◆サプライヤのマルチ化 ◆必要在庫の保有	◆通常の仕掛品保有のみ	◆通常の在庫運営

震災後の SCM の強化

◆2 次サプライヤまで見通した部材調達のコントロール ◆在庫保有のリスクマネジメント（調達先復旧 3 か月前提，特定部材） マルチ化，在庫リスクマネジメントにより原材料の確保	◆仕掛品のリスクマネジメント ・保有場所のコントロール ・リスクを考慮した保有数量のコントロール 仕掛品リスクマネジメントによる製品供給の確保	◆完成品在庫のリスクマネジメント ・通常時の在庫保有情報の顧客への開示 ・代替品選別とその情報の顧客への開示 ◆リスク在庫保有条件の顧客との共有 顧客と連携した完成品在庫リスクマネジメント

顧客の生産ラインの稼働確保

資料：ルネサスエレクトロニクス㈱『ルネサスエレクトロニクス事業方針』2011 年 8 月 2 日，pp.52-58 の「3.
　　　事業継続計画（BCP）」より筆者作成。

輸送経路書，リスク評価表，緊急時対応マニュアル，連絡網，指揮系統図，緊急時財務書，緊急時人事書，IT 復旧計画書，事業復旧計画書などの関係文書が含まれる[26]。これら BCM，BCP の大前提は人命最優先であることを忘れてはならない[27]。

　ところで，東日本大震災で深刻な被害に見舞われたルネサス那珂工場は，生産設備内で破損した長納期部品の一部について，社内外の半導体工場から融通を受けた[28]。今回の熊本地震で甚大な被害に遭ったソニー熊本 TEC では，石英ガラス治具を同社の他工場，パーツメーカー，他の半導体メーカーから入手している。このような半導体メーカー間の協力関係は災害時には不可欠のことである。

　東日本大震災や熊本地震で半導体メーカー各社の工場が被災を受けた経験をもとに，一般社団法人電子情報技術産業協会（JEITA）の半導体部会は，2016 年 8 月から部会内に Business Continuity Management - Task Force（BCM-TF）を結成し，災害への備えと災害発生時の協力体制の構築に関する検討を重ねてきた。BCM-TF では，2018年 1 月29日に，災害に対する備えとして，半導体工場の耐震強化技術という協調領域に着目し，BCM-TF 加盟企業各社の技術・ノウハウを集積した『地震対策技術事例集』を作成した。本事例集は，BCM-TF 加盟企業間及び各社の取引企業で共有するもので，生産工場のハードウェア及びマネジメントにおける事例を取りまとめ，過去の震災における被害や対策事例，設備の耐震強化施策および情報共有の手法などを掲載したものである。本事例集を通して，BCM-TF 加盟企業各社が持つ経験や知見・技術を共有することで，災害に対する有効な備えの強化を促し，さらに今後は本事例集に基づいたセミナーを関連企業に対して実施することにより，周知・共有を徹底していくこととしている。

　また同日，半導体部会に加盟する12社が災害時における相互協力に合意した。本合意は，地震やその他の災害により被害を受けた場合に，半導体業界として連携および協力する体制を明確にすることで，製品供給の継続に努め，顧客及び社会の発展に貢献するという内容となっている[29]。

26）黄野吉博（2007）p.331。
27）中村和仁（2006）p.4。
28）林出吉生（2013）p.245。

半導体産業を含む電機・電子・情報通信産業の BCP の策定，BCM の導入については，電子情報技術産業協会と情報通信ネットワーク産業協会が共同で2008年1月15日に『電機・電子・情報通信産業　BCP 策定・BCM 導入のポイント～取り組み事例と課題～』を作成・公表しているが，半導体産業の複数のメーカーが災害時に相互協力する合意は初めてのことである。

　竹本達哉氏は，「今回の合意により，各会員会社の本社および，工場の震災時の対応窓口が明確化され支援を迅速に依頼できるようになる。また，支援要請の形式を統一することにより，支援依頼に対し即時に対応可否を応答できるようになる，などの効果が期待できる」[30]と述べている。このような効果が実現するよう，今後は，合意内容の具体的な制度化と合意の確実な履行が求められることになる。また同時に，半導体メーカー間の相互協力を拡大し，その効力をより発揮していくためには，加盟企業の増加が必要である。

付記

　本章は，伊東維年「熊本地震に伴う大手半導体メーカーの被害状況と復旧過程」『松山大学論集』第29巻第4号（鈴木　茂教授記念号），2017年10月，pp. 65-96に加筆修正して掲載したものである。

参考文献

今村　徹（2016）：『ナショナル・レジリエンス懇談会資料　熊本地震後の状況と課題（地域産業の視点より）』熊本県産業技術センター。

Wedge 編集部（2016）：「RESILIENCE 早期復旧できた理由　熊本地震から半年　想定外に威力を発揮する『供給網の見える化』」『Wedge』第28巻第11号，pp.16-18。

沖電気工業株式会社（2006）：「半導体工場を守る『リアルタイム地震防災システム』」『社会的責任レポート2006』沖電気工業株式会社，pp.6-7。

29）電子情報技術産業協会のプレスリリース「JEITA 半導体部会，災害に備える体制構築で顧客と社会の発展に貢献～地震対策のための半導体工場向け技術事例集を作成～」2018年1月29日。なお，電子情報技術産業協会の半導体部会に加盟する12 社とは次の各社である。ソニーセミコンダクタソリューションズ㈱，東芝デバイス＆ストレージ㈱，東芝メモリ㈱，パナソニックセミコンダクターソリューションズ㈱，富士通セミコンダクター㈱，マイクロンメモリジャパン㈱，ルネサスエレクトロニクス㈱，ローム㈱，住友電工デバイス・イノベーション㈱，富士電機㈱，三菱電機㈱，㈱デンソー。

30）竹本達哉（2018）。

小田・東・松永・山中・溜渕・秋野（2016）:「熊本地震と地域経済」『KUMAMO-TO 地方経済情報』通巻50号，pp.3-9。

粕淵義郎・中野　晋（2011）:「効果的な BCP を進めるための設備耐震性強化に関する考え方―半導体工場を念頭にして―」『土木学会論文集 F6（安全問題）』第67巻第 2 号，pp.I_89 - I_94。

甲木昌宏（2016）:「ソニー，ルネサスなど震災前の生産能力へ回復　堀場製作所は被災地・西原村に新工場 "挽回・増産" に取り組む半導体デバイス・製造装置企業」『くまもと経済』第423号，pp.60-70。

木村雅秀（2005）:「Cover Story　地震からの復活　三洋に学ぶ半導体工場のリスク管理」『NIKKEI MICRODEVICES』第245号，pp.31-45。

木村雅秀（2012a）:「Documentary　ルネサス，震災からの復旧（第 1 回）これはもう直せない…」『日経エレクトロニクス』第1081号，pp.86-89。

木村雅秀（2012b）:「Documentary　ルネサス，震災からの復旧（第 2 回）製造フロー，全部見せます」『日経エレクトロニクス』第1082号，pp.74-77。

木村雅秀（2012c）:「Documentary　ルネサス，震災からの復旧（最終回）皆が喜び合える瞬間を」『日経エレクトロニクス』第1083号，pp.70-73。

熊本県企業誘致連絡協議会（2017）:『世界と勝負する最先端の製造拠点を巨大地震が直撃！　熊本地震復旧の軌跡　創造的復興へ～誘致企業は如何にしてその危機を乗り越えたのか～』EPOCHAL（熊本県企業誘致連絡協議会会報）Vol.31。

熊本日日新聞社編集局（2016）:『熊本地震　連鎖の衝撃』熊本日日新聞社。

九州経済調査協会調査研究部動向班（2016）:「熊本地震の九州製造業への影響～自動車・半導体事業所への影響」『九州経済調査月報』通巻853号，pp.16-23。

黄野吉博（2007）:「事業継続マネジメント（BCM）の考え方」『空気清浄』第44巻第 5 号，pp.330-334。

産業タイムズ社（2016）:『半導体産業計画総覧2016-2017年度版』産業タイムズ社。

新建新聞社（2007）:「ドキュメント　2 度の絶望からの決断・"あいつ" は必ず来る地震に打ち勝つ半導体工場」『リスク対策.com』2007年 7 月号，pp.8-13。

竹本達哉（2018）:「業界として製品供給継続に努力：半導体メーカー12社が地震対策で相互協力」2018年 1 月29日，EE Times Japan の Web ページ（http://eetimes.jp/ee/articles/1801/29/news083.html，2018年 3 月24日アクセス）。

電子情報技術産業協会 IC ガイドブック編集委員会（2012）:『IC ガイドブック 2　未来を創る！半導体』産業タイムズ社。

電子情報技術産業協会・情報通信ネットワーク産業協会（2008）:『電機・電子・情報通信産業　BCP 策定・BCM 導入のポイント～取り組み事例と課題～』電子情

報技術産業協会・情報通信ネットワーク産業協会，2008年1月15日。

内閣府防災担当（2017）:『企業の事業継続に関する熊本地震の影響調査報告書』内閣府防災担当。

中村和仁（2006）:「半導体関連産業における事業継続計画」『TRC EYE』東京海上日動リスクコンサルティング株式会社，Vol.99，pp.1-4。

日本政策投資銀行政策企画部ロサンゼルス駐在員事務所（2006）:『事業継続計画（BCP）を巡る動向と今後の展開〜事業継続マネジメントによる企業価値向上〜』日本政策投資銀行。

林出吉生（2013）:「災害に強い半導体工場への取り組み」『応用物理』第82巻第3号，pp.243-246。

平山　誠（1996）:「阪神・淡路大震災における三菱半導体開発部門の被害と対策」『第11回年次学術大会講演要旨集』研究・技術計画学会，pp.228-233。

藤田　聡・皆川佳祐（2012）:「東日本大震災における半導体製造工場の被害と復旧」『Dynamics & Design Conference』2012，日本機械学会，pp.655-1-655-9。

毎日新聞西部本社（2017）:『熊本地震　明日のための記録』石風社。

松本泰治（2016）:「車載マイコンの製造拠点，震災から挽回生産へ　佐竹和也　ルネサスセミコンダクタマニュファクチュアリング㈱川尻工場長に聞く」『くまもと経済』第423号，pp.76-79。

村田晋一郎（2016）:「半導体工場を襲った熊本地震　完全復旧が遅れるソニー，ルネサス」『経済界』第51巻第12号，pp.50-51。

山田奈々（2016）「ビジネス特集　熊本地震〜企業の教訓はライバルと連携〜」NHK NEWS WEB 2016年10月14日（http://www3.nhk.or.jp/news/business_tokushu/2016_1014.html，2017年6月14日アクセス）。

SEMI North America（2003）: *THE SEMI Business Continuity Guideline for the Semiconductor Industry and its Supply Chain*。SEMI北米地区事業継続協議会著，黄野吉博ほか訳（2004）『半導体関係産業向け事業継続ガイドライン Version3.2』一般社団法人レジリエンス協会のWebサイト（https://resiliencej.files.wordpress.com/2014/07/semi_bc_guidelines_j.pdf，2017年7月11日アクセス）。

第4章

熊本地震と酒類産業
―清酒業を中心に―

中野　元

はじめに

　熊本県は，2016年4月14日午後9時26分に震度7の激震に襲われ，翌々日の深夜（16日午前1時25分）には再び震度7の本震に，その後数か月間は断続的な余震にみまわれた。その範囲は，熊本県益城町を中心に熊本県内全域から大分県にも及んだ。この激震は，住民生活を不安に陥れるとともに，熊本県の地域産業にも多大な被害を及ぼした。

　ここでは，熊本県の自然資源を活用し伝統的な地域産業として今日まで発展を遂げてきた酒類産業，特に清酒業を中心に被害の実態を明らかにしている。また，この被害に対してどのような取り組みが行われてきたのかを示した。その際，震災後の復旧過程における教訓が適宜言及されている。こうした内容が，今後いろんな地域における酒類産業の様々な防災対策，災害克服策に役立てられることを期待したい。

　なお，本章をまとめるに当たって，行政機関，酒類の各種組合，そして多くの酒類関係者にヒアリングさせていただいた。ご協力頂いた皆様に対して，心より感謝申し上げたい。

第1節　熊本地震と清酒業の地理的分布

1　熊本地震と被害状況―過去の地震との比較―

　熊本地震による被害状況について，2016年5月当時，内閣府政策統括官（経済財政分析担当）は，熊本地震のストック（社会資本・住宅・民間企業設備）

表4-1　熊本地震のストックへの影響試算

ストック（社会資本・住宅・民間企業設備）の毀損額：約2.4兆円～4.6兆円		
県　別	熊　本　県	約1.8兆円～3.8兆円
	大　分　県	約0.5兆円～0.8兆円
種　類	建築物等	約1.6兆円～3.1兆円
	社会インフラ	約0.4兆円～0.7兆円
	電気・ガス・上下水道	約0.1兆円
	他の社会資本	約0.4兆円～0.7兆円
（参考）　4月15日～5月18日（34日間）に生じたフロー損失見込み額：900億 円～1,270億円程度		

資料：内閣府政策統括官（経済財政分析担当）「平成28年熊本地震の影響試算につい
　　　て」2016年5月より筆者作成。

の毀損額として最大4兆6,000億円と試算した（表4-1参照）。大分県を除いた
熊本県だけをみると，最大3兆8,000億円が見込まれた。これは，1995年1月
の阪神・淡路大震災の約10兆円には及ばないものの，2004年10月の新潟県中越
地震の最大3兆円を上回る規模であった[1]。

　地震発生によって地域住民の不安は一挙に高まった。災害発生直後の17日に
は熊本，大分の両県で約20万人の避難者が発生した。その後，熊本県の避難者
が1万人を切るのに約1か月間を要した。10万棟を超える熊本県の住宅被害の
予測が発表されたのは，住宅の「罹災証明書発行」が開始された後の5月25日
であった。仮設住宅の入居が始まるのは6月5日。しかし，この頃でも，大き
な余震は続いていた。6月12日，八代市は震度5弱に襲われ，日奈久断層帯が
活発に動き出すのではないかという不安が，熊本県全体を包み込んだ。こうし
た状況の中で，酒類産業の関係者は，復旧・復興に向けて気持ちを必死に奮い
立たせていた。

2　酒類産業の地理的分布—地震の影響—

　熊本県酒造組合連合会は，清酒と本格焼酎にかかわる酒類業の組合である。
この連合会は，その傘下に2つの組合を持つ。1つは熊本酒造組合であり，も

1）内閣府政策統括官（経済財政分析担当）（2016）参照。

第4章　熊本地震と酒類産業

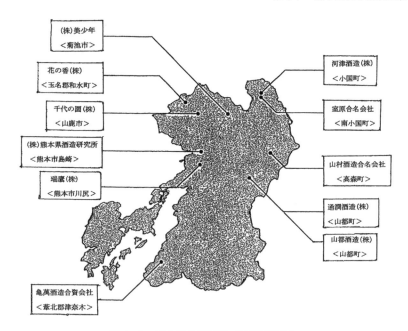

図4-1　熊本県の清酒業（2016年現在）
資料：熊本酒造組合の資料より筆者作成。

う1つは球磨焼酎酒造組合である。後者は，人吉・球磨地域の本格焼酎産地を形成している業者から編成されている。これに対して，前者は清酒業者を中心に構成されているが，なかには本格焼酎業を兼業したり，甲類焼酎業を中心とした業者もある。地理的には，人吉・球磨地域以外を除いて県内全域に展開している。

　熊本県で清酒を製造している主なメーカーの地理的分布を示したのが，図4-1である。今回の熊本地震では，大きな揺れに襲われた熊本市，菊池市，そして山都町などに立地していた清酒メーカーが，大きな被害に遭った。その他の地域のメーカーでは，ある程度の被害は出ているものの，激震地域から遠ざかるにつれて被害は少なくなっていた。

　それに対して，人吉・球磨地域を中心に構成されている球磨焼酎酒造組合傘下のメーカーについては，激震地から地理的にも隔たっていることもあり，地震の影響はそれほど大きくはなく，被害は比較的軽かった。

ただビールでは，サントリービール（株）の九州熊本工場は九州自動車道
（高速道路）の嘉島JCT近郊に立地しており，今回大きく揺れた断層の真上に
あったため，激震と断続的な余震に直接さらされた。そのため，工場や機械設
備さらには床や道路でも甚大な被害を被り，その復旧に多大な労力と時間，膨
大な費用を要する結果となった。

　そこで，以下では地震発生からの被害状況をそれぞれ具体的に考察する。

第2節　清酒業における被害状況

　被害状況については，熊本県中小企業等グループ施設等復旧整備補助事業
（以後，グループ補助金と略称）で申請された内容から，おおよそ把握するこ
とができる。これは，あくまでも被災した酒造施設や設備，工場の復旧費用に
一部を補助することを目的にしている。工場内にある在庫製品は対象外である。
このグループ補助金の申請を基礎に，被害状況を以下みてみる[2]。

1　清酒業界の被害状況―補助金申請から把握される被害の内容―
（1）熊本県中小企業等グループ補助金の申請

　熊本県酒造組合は，2016年7月22日の一次申請に合わせて被害を受けた各酒
造業者の申請分をとりまとめ，熊本県にグループ補助金の申請を行った。この
申請に対して交付決定が行われると，申請額の4分の3が補助される。補助の
内訳は，国が半分で，県が4分の1である。県酒造組合（11社のうち10社が清
酒業者）では，今回の熊本地震による被害の復旧額は総事業費約12億2,700万
円に上っており，グループ補助金として9億2,031万円（復興整備完了予定日
は2019年3月31日）が申請された。東日本大震災時における宮城県酒造組合
（組合員16社申請）の場合には，復旧のための総事業費は15億7千万円で，そ
のうちの11億8千万円が申請された。今回の熊本県の清酒業被害は，宮城県の
被害状況の約8割にも達している。津波被害がなかったにもかかわらずこうし
た被害が出たことで，熊本地震が内陸型地震としていかに激しかったかをうか
がい知ることができる。

2）内容は，2016年10月頃のヒアリングに基づいている。

第4章 熊本地震と酒類産業

（2）申請の理由―熊本県の地域経済に果たす清酒業界の役割の確認

　その申請理由は，以下のように説明された。まず，清酒業は酒税として国の歳入に貢献していること，また被災した清酒メーカーは県内の清酒業の中でも主要な生産量を誇っており，その復興如何によっては県内の伝統的な清酒産業に大きなダメージがもたらされるからである。熊本の製品ブランドとしてみた場合でも，熊本の「赤酒」は単に飲酒だけではなく日本料理の旨み成分としても活用されており，高級老舗旅館や老舗レストランなどで高い評価を得ている。これまで築き上げてきた製品ブランドを維持し発展させるためにも，赤酒の製造ラインの早急な復旧が切望された。また，熊本の清酒・銘酒は熊本産ブランドとして地域産業の振興を主導する役割を担っていたからである。さらに，原料米である酒米は多くを県内米に依存しており，農業復旧・振興面からもその復旧が望まれていた。

　第3次産業との関連では，県内卸売・小売業者による県内酒の取扱量は多い。流通業者の破損倉庫を復旧させ，円滑な流通を早期に回復させれば，県内消費者に安定して販売できる。それは同時に，各酒造蔵による地域観光店や物産展・物産館での販売促進に相乗効果をもたらすことになる。最後に，県内の清酒メーカーは県内各地での中核企業として活躍してきた。当業界の人材は，各地域団体や協会等の多くの各種役員を担っており，復興によってこうした人材の活躍が期待されているという理由である。

　酒造組合では，こうした清酒業界の貢献を改めて確認し，グループ補助金申請を行うことで被災酒造メーカーへの支援を要請したのである。

2　各清酒蔵の被害状況とその特徴

　ここでは，熊本地震による被害状況（2016年秋時点）について，いくつかの清酒メーカーを取り上げる。現在では，当時に想定された被害額あるいはその復旧のための費用額はある程度変更されている。というのも，被害が広範囲にかつ甚大であったために，復旧に際して多くの工事が集中して資材，人材などの確保がむずかしくなり，それがコスト増加や復旧時期の遅れにつながったからである。しかし，ここではその具体的な変更の内容に関しては詳しく言及していない。

［瑞鷹（株）〜歴史と伝統に彩られた清酒蔵〜］

　1867（慶応 3）年創業の瑞鷹（株）は，それまで肥後細川藩の御国酒である赤酒が主流であった時代に清酒醸造にも果敢に着手したように，熊本県の清酒醸造の近代化を絶えずリードしてきた。同社の歩みは，熊本の清酒醸造の歩みそのものでもあった。1887（明治20）年，兵庫県丹波杜氏を招いての灘式清酒醸造の試み，1909（明治42）年に熊本県税務監督局鑑定部長（野白金一）を招請しての当酒造場内での酒造研究所の開設，さらには明治末での瓶詰め販売制度の確立等，イノベーションへの意欲は特筆すべきものがあった。その成果は，1926（大正15）年の全国酒類品評会から 3 年連続しての優等賞の受賞となって結実した。特に，1930年には第 1 位の優等賞・名誉大賞を受賞した。

　現在の製成量は清酒で約1,300石，赤酒で約5,000石，焼酎で約700石である。

（1）被害状況

　熊本市南区の加勢川周辺に立地する同社は，川尻の地に土塀や蔵，煙突が鎮座するといったように独特の風情を醸し出し，現在では「街並み保存地域」として地域住民にも親しまれている。こうした清酒蔵に，二度にわたる震度 7 という激震と 9 月までに4,000回以上に及ぶ余震が襲った。激震による同社の被害は甚大であり，それは約 7 億円の規模に達した。

　同社は，川尻本蔵（清酒）と東肥蔵（赤酒，本格焼酎）から構成され，それぞれ製造工場，瓶詰め，貯蔵倉庫，事務所等が配置されている。被害の概要は，まず大小合わせて100棟を超える建物のうち，約 7 割がなんらかの被害に遭った。特に甚大であったのは，大型の木造建物や土蔵造りの建物の損傷であった。6 棟が全壊，8 棟が大規模半壊であった。また，東肥蔵では麦焼酎や米焼酎などの醪が流出したり，タンクに入っていた原酒も一部は使用不能になり廃棄されるなどした。建物だけでなく，設備の損傷もあることから，2016年 9 月当時でも一部商品の製造はできなくなっていた。

（2）被害実態

　被害の実態では，建物，設備などの被害で数億円に達していた。また，製品や半製品の破損は，流出，廃棄分を合わせると約140 kℓ（一升ビン換算で約 7

万8千本）を超えた。当時，製造ラインの停止によって製造ができず，その上欠品も発生したために，販売面では大口顧客との取引も停止せざるをえなくなった。

同社の歴史的な史料類や貴重な収蔵品が保管・展示されていた「瑞鷹酒蔵資料館」では，部分的な損壊や各種史料類・陳列所蔵品の散乱にみまわれた。ただ，大きな破損や紛失は免れた。その整理には若干の時間はかかるが，今後開館はできる見通しであった。

（3）今後の復旧・復興に向けた問題点・課題

復旧・復興に向けての問題点として，いくつか指摘される。まず第1は取り壊し・解体や修理，再建するにも業者が絶対的に不足していたことである。これは，被害が熊本市や益城町を中心に周辺各地に広がっており，罹災証明の発行とともに次々に数多くの復旧のための工事が開始されたからである。さらに，業者自体も多くが被災していた。その上，この蔵は歴史的な建造物として街並み保存の建造物でもあったため，復旧のための工事そのものが独自の技術を必要とした。誰でもできる仕事ではなかった。漆喰を使った土塀や手の込んだ造りの蔵は，今日では専門の技術職人にしか扱えなかった。そのため，復旧事業はそれだけ技術と労力・工夫を要し，復旧を遅らせていた。

第2は，継続的に続いた余震や大雨などによって，当初の修理・建替え予定が常に変更させられたことである。例えば，酒蔵のシンボルである煙突の亀裂は徐々に広がり，新たに倒壊の危険がでたために撤去することに変えたり，雨がしみ込んだ建物の亀裂が度重なる余震で修理では間に合わなくなり，建て替えを迫られたりした。余震が続くなかで，既存の製品を保管するための倉庫の再編や損傷の少ない設備を安全な場所に移動させての製造再開計画など，常に難しい対応が求められた。

第3は，復旧計画の独自な困難さである。建物の建替えでは，消防法や建築基準法などの規制がある。同社は，創業当初は広大な敷地に囲まれていたが，今日では多くの住宅が隣接し密集している。このため，解体や建替えに必要な大型重機の活動空間や資材置き場の確保が難しくなっていたのである。同時に，グループ補助金の対象は，基本的に損傷建物や設備に対する復旧が基本となっていた。それゆえ，製造ラインのコースづくりや新しい設備の配置は，復旧を

前提に進める必要があった。残存している建物・設備と新しい工場・設備をいかにうまくかみ合わせるか，意外に難問であった。

　最後は，供給体制の再建の遅れが消費者の信頼に影響を及ぼすことの心配である。これまで取引のあった顧客に，いかに安心して同社の製品を継続して購入してもらえるかである。再建が遅れ，そこに風評被害が流れると，復旧・復興に向けた投資に大きな影響が出てきかねない。そのためにも，迅速な再建を達成しなければならない。当蔵の復旧に対しては，これまで愛飲してきた地域住民や県内消費者が具体的な支援活動を始めた。具体的には，元熊本市長の三角保之氏を代表者とする川尻「瑞鷹」復興支援の会が立ち上がった。その支援の輪のさらなる広がりとともにその具体的な成果が期待されている。

（4）2016年10月段階の復旧状況

　製造面では，赤酒や日本酒が従来の8割程度に回復した。残りは，2割部分の再建まできた。ただ，本格焼酎については，赤酒と日本酒を優先した分，タンク不足などで再開できていない。発酵調味料については，出荷の見通しができた。グループ補助金が交付される2017（平成29）年度には相当程度再建されるとしていた。復旧に向けて着実に進んでいた。

　この復旧過程での教訓は，風評被害の対処である。地震による酒造蔵の損傷や製品破損など悪い被害情報はセンセーショナルに「すぐに伝わり」，着実に再建・再開されつつあるという情報は意外に「伝わりにくい」。これは今回実感としてわかったという。その対策として，再開に向けて「頑張っている」という情報に，イノベーションと製品開発という要素をいかに加味させられるか，検討すべき課題かもしれない。これまでの歴史的な蔵の物語に，新たなチャレンジと取り組みが加えられることになる。

［（株）熊本県酒造研究所〜健在であった「熊本酵母」〜］

　この研究所は，2つの機能を担っている。1つは，1952年に野白金一氏によって分離培養された「熊本酵母」（「きょうかい9号酵母」の元株）を維持・管理する研究機関としての機能である。2つめは，清酒「香露」の醸造である。現在，その生産高は約1,200〜1,300石程度であり，年間出荷量は1,600石弱である。

創業は1909（明治42）年で，清酒醸造技術向上のために瑞鷹酒造の敷地内（川尻町）に県酒造組合の研究機関として設置され出発した。その後，県内の酒造業者が一丸となって本格的な清酒醸造に乗り出そうということになり，株式会社としての経営体制を整備して，湧出量が豊富で良水の新たな地へ移転することになった。そして，1918（大正7）年，現在の熊本城下の島崎に移転した。翌年に，熊本税務監督局勤務の後広島税務監督局鑑定部長にあった野白金一氏を技師長（後に社長）として迎え入れ，熊本県酒造業界の近代化に向けて本格的な研究体制を整備した。

現在でも，この研究史的視点という伝統は継承されている。場内の製造工程は，蒸し米から製麹まで一連の工程はシンプルな動線にまとめられ，仕込みの時期やそれぞれ米の銘柄・精米歩合の違ったタンクが比較しやすいように配置されてきた。

（1）被害状況

4月16日の本震で，煙突（レンガ造り）が倒壊した。また，本震，余震の影響により，倉庫の改修が必要になった。このため，倉庫を再建する期間は，貯蔵タンクを移動させている。ただ，生産設備については，大きな被害は出なかった。地震発生時には，製造を終了し倉庫に積んでいた製品に，いくらかの被害が出た。その他では，水に濁りが出たり，水圧が下がったりした。このため，瓶の洗浄に影響が出た。しかし，5月には瓶詰作業も正常化し回復した。

（2）被害実態

被害は，主に煙突の倒壊と倉庫の損傷，製品の破損等であった。被害額は，倉庫の改修などを中心に1億を超える規模に達した。

こうしたなかで，1953（昭和28）年頃に熊本の吟醸酒造りの礎を築き，熊本の清酒業を美酒のメッカと賞される程に貢献した「熊本酵母」には，影響はなかった。同社では，熊本発祥の「熊本酵母」を二重三重のリスク回避体制で管理してきた。通常は培養スライドで熊本酵母を冷蔵保存しているが，その他に常温での真空乾燥による保存なども行ってきた。熊本酵母が健在であることが，業界全体にとっても今後の復旧・復興の励みになっている。

（3）今後の復旧・復興に向けた課題と復旧状況

　倉庫などの改修をいち早く進め，製造・倉庫保管体制を確立することが当面の課題であった。と当時に，熊本県内の消費需要の本格的な回復を望んでいた。というのも，復興支援ということで東京を中心に県外への出荷増は実現できたが，基本は地元の小売店や料飲店に出荷され，地元の消費者に支えられることで，安定した経営につながると考えていたからである。いち早い県内景気の復興，県民経済の活力向上が望まれていた。

　2017年3月には，貯蔵庫（鉄骨平屋建て，床面積約160坪）を自己資金で起工し，建替え新築を行った。この新設貯蔵庫では，瓶貯蔵ではなく，ほとんどをタンクで貯蔵し管理するという。夏場以外はこれまでの常温熟成（「あるがまま貯蔵」）を引き継ぎ，さらなる品質改良を目指している。

［通潤酒造（株）〜歴史的建造物である蔵の激しい損壊〜］

　美しい棚田と通潤橋で知られる山都町にあるこの蔵は，1770（明和7）年に創業された。酒造りは，備前屋清九郎（廻船問屋「備前屋」を営業）が困窮するこの集落を救うために始めたといわれる。寛政年間に造られた蔵は，熊本県内でも一番古い蔵として知られる。西南戦争の時には薩摩軍の本陣にもなり，西郷隆盛も投宿したという。現在の名称は，1963（昭和38）年に「濱町酒造有限会社」から改められたものである。この蔵の酒造りは，240年以上も続く歴史ある土蔵造りの蔵で，熊本酵母を使用し，湧水を100%利用して醸造するところに特徴がある。手造りの吟醸酒などが知られている。生産は年間約600石規模である。

（1）被害状況

　本震と余震によって，古い建物と瓶詰めなど4つの設備で大きな打撃を受けた。特に，白壁など建物の損傷が激しかった。また，井戸水の湧水も一時涸れたり濁ったりした。さらに，原料米として使用する予定であった「華錦」は，益城町の田の被害が大きかったために，不足が生じた。その上，山都町でも地震で亀裂の入った田が梅雨の大雨で崩れたりした。原料米の不足分については，農協の協力を得ながら対応した。さらに，製造を終えて倉庫で出荷を待っていた製品（瓶類）が割れて流出するなどの被害が出た。

（2）被害実態

　建物と設備を合わせると，その被害額（簿価ベース）は1億円を超える。そのうち，建物の被害額が3分の2を占め，設備は3分の1に相当する。倉庫に保管していた酒瓶は約3千本分（約4,500ℓ）が割れて流出した。被害額は百万円を超えたという。

（3）今後の復旧・復興に向けた課題と復旧状況

　製造工程は10月から翌年4月に行われるため，幸い今回の震災では製造は終了していた。ただ，建物や倉庫の損壊もあり，2016年10月末からようやく復旧し始めた。ヒアリング当時は，倉庫の損壊等により回復は例年の7～8割程度で，最低限の生産ラインであった。

　販売面でみると，本震のあった4月中旬から6月までは，県内と町内の流通状況は壊滅的であった。山間の国道がいくつかの箇所で閉鎖されたことも大きかった。ただ，7月くらいから少しずつ回復し始めた。特に，東京等からの復旧支援活動や復興イベント等によって県外出荷が増え，対前年比で2～3割程度販売は伸びた。

　建物に被害は出たものの，従業員などに人的被害はなく，雇用面でもなんとか維持できた。フェイスブックでのたくさんの応援メッセージなどを励みに，ネット販売などを活用しながら，従業員全員で復興を目指していた。

［千代の園酒造（株）〜豊前街道宿場町の保存と蔵の改修〜］

　1896（明治29）年，当時米穀商であった本田喜久八氏によって創業された。山鹿地区は豊前街道等の交通の要衝であるとともに，菊池川を使って玉名へ輸送し，そこから海路大阪へと運ばれた米，材木，生糸などの集散地であった。当蔵が立地している下町惣門地区は，現在でも歴史的に由緒あるたたずまいを景観に残している。当時の酒名「清瀧」は大正時代に「千代の園」に改名され，1960年に「本田酒造場」から現蔵名に改称された。

　この蔵は純米酒造りの先駆けでもあった。その象徴は，米100％で醸造された純米酒「朱盃」である。1968年，純米酒という用語がなかった時代に，世に問うとともに，1973年には全国の蔵元16社による「純粋日本酒協会」の設立にかかわった。このパイオニア精神は，吟醸酒にコルク栓を用いるなど，多方面

に及んでいる。現在，生産量は，清酒で約1,200〜1,300石，赤酒で約400石，みりんで約500石などとなっている。

（1）被害状況

　被害状況は，熊本市や益城町ほどではないが，施設関連で被害が出た。工場や蔵の白壁，屋根や瓦等である。山鹿市は震度5程度で，熊本市やその周辺に比べれば，被害の程度は少なかった。ただ，継続する余震によるダメージは屋根や瓦の損傷に現れ，梅雨の大雨で雨漏りし，はじめてそのひどさに気づいたという。また，昭和20年代に造った煙突には，縦方向でのヒビが入った。倒壊の被害も予想され，建て替えを行わなければならないという。その他に，機械関連では洗瓶機のシャフト関係が損傷した。幸い，醪の絞りは4月に終了していたため，タンクから流出する等の被害はなかった。倉庫の酒瓶は通常の破損程度で，比較的軽微であった。

（2）被害実態

　施設関連の被害は1億円程度にのぼる。その中で，取り壊し費用を含めて煙突の建て替え予定額が大きく，約7割を占めている。地質調査などの費用を考慮すると，もっと高くなると予想される。また，落ちた白壁を漆喰で原状回復させるとなると，高度な技術水準をもつ熟練の左官屋の確保が必要となることから，さらに費用は大きくなる。設備機械関連でも相当程度の被害額が見込まれている。グループ補助金を申請したが，それ以上の被害の拡がりが確認された場合には，自己資金でやっていくしかないという。

（3）今後の復旧・復興に向けた課題と復旧状況

　工場施設や機械などの修復が一定進むなかで，安定的な販売をいかに確保するかが課題であった。県外からの販売支援によって，2016年7〜9月までは特に東京への出荷量を増やすことができた。ただ，時には1週間程度の短期間で千本の出荷要請がある等難しい対応を迫られ，通常の瓶詰作業では物理的にも不可能な数字であったために，ありがたい話でありながらも断念せざるをえないこともあったという。

　とにかく出荷動向は不安定であった。復興支援ということで前年比150％の

第4章　熊本地震と酒類産業

出荷増という時もあれば，80〜90％の出荷量に落ち込むこともあった。県外からの卸売業者，小売業者からの支援需要や各種イベントなどでの販売増はあっても，他方では熊本市内や地元ホテル・料飲店での消費需要が今ひとつ回復していなかったからである。これからは，安定した消費需要の確保がますます重要になるとしていた。

[（株）美少年〜激しく揺れた菊池四町分地域〜]

1920（大正9）年に「美少年」は南薫酒造（株）から発売された。1950（昭和50）年には，社名は美少年酒造に，その後さらに火の国酒造へと改名された。この酒造会社がこの業界を撤退した後の2013年に，この酒造事業を譲り受け，（株）美少年が新たに設立された。生産は，その当時閉校となった菊池水源小学校の各施設を酒造りの作業工場に改修して営まれている。菊池での酒造りを進めることで，新たな「美少年ブランド」の構築と普及が図られている。出荷量は約1,000石規模である。

（1）被害状況・被害実態

4月14日の前震では十分に耐えられた工場も，本震と断続的に続く余震によって，工場内部や倉庫で出荷準備を整えていた製品に多くの被害が出た。工場・倉庫の施設関連，機械設備，5基のタンクでそれぞれ数百万円の被害額が見込まれた。ただ当時は，実際に生産を稼働させた時に，想定外の事態が起こることも十分に考えられるとし，その分費用の増加が予想されていた。水については，地震直後から1か月使えなくなり，その間は山のきれいな水を引いて対応した。

（2）今後の復旧・復興に向けた課題と復旧状況

地震の後は，取引先（東京，関西，中部，福岡）を通じて多くの支援をもらった。各地域で支援販売の売り場を設置してもらい，2016年の5，6，7月の3か月は例年程度の販売を維持できた。ただ，8月以降は落ち着きだし，それ以降は減少気味である。原料米は菊池米を使っており，その調達に問題はない。

復旧・復興対応としては，ともかく施設や設備の損傷をできるだけ早く修復し，これまでの生産工程を復旧させなければならなかった。同時に，販売体制

も復興させる必要があった。地震被害の影響は大きかっただけに，より多くの消費者の支援は同社の経営にとって大きな励みとなっている。

［山村酒造合資会社〜阿蘇地域における交通網の遮断と流通網の混乱〜］

創業は1762（宝暦12）年と古く，酒蔵，土蔵なども1860（万延元）年に建てられたといわれる。「霊山」の商標登録は1908（明治41）年に行われた。恵まれた阿蘇外輪山の伏流水，寒暖の差で育まれた阿蘇の米，標高550mという高所での冬場の「寒造り」，これが「阿蘇の清酒」の特徴である。

同社の年間生産量は約1,800石である。製造では，比較的小型の醪タンク（40kℓ）80本が用いられている。生産期間は10月中旬から翌年の4月までである。出荷先を地域別でみれば，県内がほとんどである。

（1）被害状況・被害実態

機械類には大きな損傷はなく，むしろ倉庫の壁の一部崩落など施設に被害が出た。これに，倉庫に積んであった製品の破損，さらに醪の流出などを加えると，被害総額は数百万円であった。明治30年頃に造られたシンボルの煙突にも横ヒビが入り，補修をした。阿蘇の豊富できれいな軟水・湧水が地震直後に一時止まった。しかし，すぐに復旧したという。

（2）今後の復旧・復興に向けた課題と復旧状況

熊本地震から6月頃までは出荷量は半減した。阿蘇大橋の崩落や国道57号線の立野地区での破損・山崩れによって交通網は遮断され，復旧支援活動による交通流入とも重なって，流通業者による配送システムが大打撃を受けた。卸売・小売業態は混乱状態であった。その上に，県内消費者の需要減少が追い打ちをかけた。ただ6月頃から，主に県外からの復興支援需要が起こり始めた。7月頃に少しずつ例年規模に近づきだし，8月くらいからようやく例年規模の出荷状況になった。しかし，その内容は，低迷したままの県内需要を県外の復興支援需要が支えたという構図であった。

日本名門酒会が東京で「頑張れ熊本」の宣伝をしてくれたり，熊本出身の料飲店主が積極的に熊本の酒を売ってくれたりと，いろんな人々に支援してもらった。また，業界として，熊本県酒造組合連合会（熊本県酒造組合と球磨焼酎

酒造組合の連合体）が統一したステッカーをつくり，一枚岩で復興に取り組む経験をすることもできた。この間，全国の消費者，特に県外の消費者に，「熊本酵母」で造られた熊本の純米酒，吟醸酒の特徴を知ってもらう良い機会であった。実際に，全国にある数多くの銘酒は「熊本酵母」系譜の酵母で造られたものであり，熊本清酒のブランド発信の必要性を感じたという。

さらに，今回の地震被害では，コンビニの立ち直りが早く，住民の生活を支える役割を発揮したことが印象的だったという。物資の調達が生活の基盤を支え，店の電気の明るさが生活の安心感を与え，駐車場の広さが人々の集まる空間として役立ったという。

［山都酒造（株）〜迫られる現代的な建物への改修〜］

1821年創業の下田酒造を，1912（大正元）年に佐藤家が引き継いで陽気酒造（株）と改名され，その後2002年に買収されて藤正宗酒造（株）と社名が変更された。さらに，2006年に山都酒造（株）に改名されて，今日に至っている。製品別では，清酒が1割，本格焼酎が9割という構成である。本格焼酎でみると，年間約600kℓの生産規模である。

（1）被害状況・被害実態

被害状況は，倉庫，工場建物を中心に1千万円を超える損害が出た。昔ながらの古い白壁が落ち，天井も損傷しており，一部雨漏りもみられた。歴史的な白壁などをそのまま復元しようとすると相当な復興費用がかかるため，現代的な工場への改修にせざるをえないと見込んでいる。製品としては本格焼酎が中心であるため，4月の地震からの1か月は生産量が減少した。ただその間でも，水は涸れなかった。

（2）今後の復旧・復興に向けた課題と復旧状況

2016年5月から，各種の復興イベントや物産館での復興需要で，回復への道を歩むことができた。ただ，2017年以降については，現在のような復興需要は想定しにくい。その対応として，復興需要による消費拡大を活用しながらも，同社のこれまでの取引先への出荷を着実に増やしたいとしている。

第3節　ビール業，本格焼酎業の被害状況

1　ビール業

　熊本におけるビール業は，九州自動車道の嘉島 JCT 近郊に立地しているサントリー㈱九州熊本工場を中心に展開されている。この工場は，2003年7月に竣工した。現在の生産能力は，ビール類が大瓶換算（1ケース＝633 ml ×20本）で約800万ケース，清涼飲料を含めた全生産能力は約2000万ケース（実数）である。ここでは，醸界タイムスの記事を中心に被害と復旧の状況をまとめる。

（1）被害状況

　今回の熊本地震で，当工場用地は活断層の真上に位置していたため激甚被災地となり，工場や近隣の配送センターは甚大な被害を受けた。工場や倉庫では，天井や壁が崩れ，醸造設備や包装設備などの生産設備は大きな損傷を受けた。さらに，場内道路も隆起陥没し，工場用地・設備・倉庫等の生産・配送体制全体に深刻な被害が及んだ。生産活動は停止され，工場見学も休止となった。2017年3月の報告では，熊本地震による当工場の被害総額は109億円にも達し，財務的には特別損失として計上された。

　流通配送の整備でも，震災復旧過程で多くの困難をともなった。当工場の操業停止分は他地域の3つのビール工場の増産で補われ，そこからの配送体制へと見直された。しかし，全体として，九州エリアへの九州外からの輸送量は特に4月下旬以降から急激に増加したため配送手段が十分に確保できず，大きく滞る事態に陥った。同社の一部ビール製品も，熊本地域への出荷を一時的に見合わせなければならない状況に追い込まれた。

（2）復旧状況

　当工場の復旧過程は，被害が甚大であっただけ復旧に時間がかかった。一部商品（「ザ・プレミアム・モルツ」）の仕込みを再開したのは，地震から半年以上も経過した11月8日である。その出荷は，さらに翌月の12月13日まで待たなければならなかった。それでも，通年生産量に比べればまだ2割程度でしかなかった。この復旧期間の長さと回復の程度をみるとき，当工場の従業員総出による復旧作業がどんなに大変であったか，容易に想像できる。工場の一連の復

第4章　熊本地震と酒類産業

表4-2　サントリー㈱九州熊本工場の復旧過程

年月	復　旧　過　程
2016年4月	・九州熊本工場および近隣の配送センターは操業停止が継続。 ・九州熊本工場以外の3ビール工場は増産体制を取り，全国の供給量を確保した。 ・九州外から九州エリアへ輸送量は急激に増加しており，配送手段が十分に確保できなくなったため，九州エリアでは4月下旬から一部商品の出荷を一時的に停止した。
11月	・熊本地震被災からインフラ，建物，醸造設備等の修復をほぼ終え，「ザ・プレミアム・モルツ」の仕込みを再開した。
12月	・13日，ビールの出荷再開式を行った。 ・当工場では「ザ・プレミアム・モルツ」1ブランドのみが生産された。これは通年生産の2割程度。県産「ザ・プレミアム・モルツ」を15万ケース（大瓶換算）出荷した。 〈2017年以降の計画公表〉 　・1月以降，ビール類缶商品「金麦」「オールフリー」など順次出荷を再開する。 　・清涼飲料は，缶商品は来年3月，ペットボトル商品は5月以降に製造開始を目指す。 　・復興支援活動である「サントリー水の国くまもと応援プロジェクト」は継続する。
2017年1月	・31日，缶商品の出荷を再開した。
3月	・新「ザ・プレミアム・モルツ」をリニューアルして全国に発売した。 ・限定醸造の樽生「火の国ビール阿蘇」の中身をリニューアルした。
4月	・12日，工場見学が再開された。 ・上旬より，非売品の350ml缶を九州エリアのイベント会場などで10万本無償配布。 ・25日，「ザ・プレミアム・モルツ」「金麦」「オールフリー」のくまもと応援缶を九州エリアにおいて数量限定で発売した。「ザ・プレミアム・モルツ」の売上げ1本につき10円，他の2種類は5円を熊本城復興のために寄付するとした。

資料：「醸界タイムス」の記事，各種新聞記事より筆者作成。

旧過程についてまとめたのが表4-2である。

　また，サントリーホールディングスは，熊本の復興支援のために独自の復興支援策や支援活動を立ち上げている。例えば，熊本地震復興支援として「サントリー水の国くまもと応援プロジェクト」を立ち上げ，約4億円の拠出を決定した。さらに，熊本県の産業・観光振興，県民生活の基盤資源である地下水の持続可能性に貢献する活動（水源涵養「冬水田んぼ」復旧工事等）や，サントリー・ラグビー部によるラグビークリニックを行う等，文化・芸術・スポーツを通じた心と体の支援活動・計画を積極的に展開している。

2　球磨焼酎酒造組合と本格焼酎業

（1）被害状況と震災の影響

　球磨焼酎組合に加盟している本格焼酎業者には，人吉・球磨地方に立地分布

103

していることもあり，熊本地震による大きな被害はなかった。ただ，業者によっては，煙突にヒビが入った，土蔵の土壁が剥がれたなど，比較的軽微な被害がみられた。また，瓶等の容器類や段ボール等の原材料の仕入れ問題が起こった。特に，激しい被災地からの原材料の仕入れで支障が出た。「くまもん容器」はその典型であった。この容器詰め製品は，県外各地での応援セールでとても人気が高かった。しかし，この容器の製造工場で震災被害が発生し，その入荷が滞った。2016年6月までは，販売セールに間に合わなかった。ただ，7月，8月くらいから少しずつ回復し始めたという。

　需要面では，熊本市内の居酒屋，小売酒販店などで消費需要が大きく減少した。その背景には，熊本市とその周辺を中心に周遊してきた宿泊客や観光客の大きな落ち込みがあった。

（2）復旧・復興に向けた支援活動

　震災被害の比較的少なかった球磨焼酎組合やその加盟メーカーは，震災で疲弊したイメージからいち早く立ち上がるための取り組みを積極的に行った。1つは，被災した清酒業等を元気づける活動を展開した。2つめは，復旧・復興のために，酒のイベント自粛に向かうのではなく，むしろそれを復旧・復興に向けた取り組みに切り換え，行政による復興活動に率先して取り組んだ。

　例えば，繊月酒造は，自社の「繊月祭り（2016年5月22日）」を復興支援のための「頑張ろう熊本！」イベントとして実施し，売上金180万円をそのまま被災地に寄付した。同時に，祭りの参加者や消費者に支援の輪を広げた。一例として，同社は日本各地で収穫された米を引き受けて「ご当地の本格焼酎」を造ってきたが，その1つである岩手のJA江刺（「えさし乙女」）が復興支援のために九州観光ツアーを企画することにつながった。この震災の経験から，生産者と消費者，原料米の提供者等との「絆」の大切さを改めて教訓にしたという。さらに，球磨焼酎組合としては，2015年度まで球磨焼酎のみで行っていた福岡等の販売促進会を，2016年度は清酒を含めた県産酒の振興フェアとして取り組んだ。東京等からの復興支援・応援セールが開催された時にも，被災の大きかった清酒業界を補っての製品陳列に協力し，「頑張ろう熊本！」の意気込みを伝えたという。

　実は，人吉盆地にも活断層は走っている。ただ今回は，熊本地震に誘発され

て大きく動くことはなかった。しかし，これから将来はわからない。今回の地震をふまえて，どのような対応を準備しておくべきか。醸造・蒸留・貯蔵などの生産体制や出荷・配送体制面で，激震による被害をいかに最小限に抑えられるか，現実的な課題となっている。

第4節　流通業における被害状況

1　卸売業

　酒類関係で卸売業の被害状況をみると，震源地やその周辺地域である熊本市や益城町を中心に被害が広がっていた。熊本県卸売酒販組合（22者）の調べでは，比較的規模の大きな倉庫を持ち大量の酒類製品を保管している激震地の卸売業者が，大規模な損傷や破損を被っていたという。ただ，幸いなことに人的な被害はなかった。

　全体としての被害総額では，まず事務所，倉庫，そして倉庫内のラック棚等の諸設備で約7億円に達しているとみられた。また，倉庫に保管されていた商品等については，1億5千万円を超える被害額が推定されていた。しかし，これは，激震が発生した頃に推定されたものである。その後の断続的に続く余震の影響を受け，実際に再建・復旧工事が行われる頃には，それ以上の被害規模に達していたとみられる。

（1）酒造業者の卸売事業部門の被害

　被害状況の特徴は，3つに分けられる。まず第1は，卸売事業を兼務する酒造業者での震災被害である。この場合，酒造場で被った大きな被害はそのまま倉庫や保管・出荷製品に及んでいる。特に，激震による被害の大きかった業者は，倉庫，事務所などで数千万円の被害額に上っており，商品の破損でも20～30万円から100万円規模にまで及んだ。

（2）酒類を含めた総合的卸売流通業者の被害

　第2は，酒類を含めた総合卸売流通業者の被害である。この業者は，製品種類とともに取扱商品量が多く，その分事務所を含めた倉庫規模も大きい。そのうち，3つの業者で倉庫，事務所を含めた建物の損壊がひどかった。

A社では，倉庫全体が傾き，その補修が必要になった。B社では，倉庫の外壁が剥がれ落ち，窓ガラスも割れてしまうだけでなく，倉庫内を仕切る壁も崩落・欠落した。またC社では，倉庫の外壁が剥げ落ち，屋根も全部取り替えなければならなくなった。その上，倉庫の補修では骨組みだけ残して，床も含めてほぼすべて改修しなければならなくなった。これらの倉庫の補修金額は，1億円〜3億円規模と見込まれていた。この他の業者では，被害は比較的少なかった。

また，倉庫内のラック棚などの保管設備や保管商品の破損による被害額も大きかった。その破損金額は，100万円程度から数千万円にまで及んでいた。被害商品の措置については，まず破損した商品は酒税の還付金の対象として取り扱い，汚れ損傷した製品はメーカーに返品したりした。

事業の復旧は，倉庫の改修や事務所移転などを含めて，比較的被害の少なかった業者で2016年6月から，損害の大きかった業者ではおおよそ9月前後に再開した。今回の震災の教訓について，ヒアリング調査から3つ指摘することができる。1つは，倉庫内のレイアウトの見直しである。震災による激しい揺れに十分対応できる倉庫内の商品別保管の仕方・レイアウトを見直し確立することである。2つめは，配送システム・流通体制の柔軟な対応力の整備である。これまで供給されていた工場が震災被害に遭った時，それを補完する供給元をいかに確保するか，あるいはその工場・卸売支社への応援体制（人員を含む）をどのように整備するかが重要となる。ある程度のシミュレーションも必要という。3つめは，地域住民との共生である。卸売業者は，豊富な商品を丈夫で大きな倉庫で保管している。この施設は，激震被害を受けたとき，地域住民にとっては安全な非難先であるとともに食糧確保の候補地にもなりうる。制度的には，民間企業は行政による避難場所には指定されていない。しかし，今回の震災では，実際に地域住民はC社に避難場所として助けを求めてきたため，人命最優先の立場で対処したという。この教訓から，企業の社会的責任の観点から現実的で地域に役立つ新たな災害対策マニュアルが検討されるべきであろう。

（3）地元の中小卸売業者の被害状況

第3は，地元を中心とした卸売業者の被害である。特に，熊本市や宇城市の

業者に比較的大きな被害が出た。激震のあった宇城市の会社では，倉庫の壁が剥がれ落ち，窓ガラスが破損し，地面にも亀裂が入った。これにともない，商品の被害も大きく（一升瓶300本，ビールの大中瓶600ケースが全損），被害額は1千万円程度にも及んだという。また，熊本市や八代市の業者でも，数十万円から百万円程度までの被害が出た。

2 小売業

　熊本県の酒類販売の小売店については，2016年現在熊本県の小売酒販組合連合会に加盟している販売所数は約1,170戸ある。近年，当組合連合会に加盟しないコンビニやディスカウントストアが増えてきたのと反比例するように，組合加盟の酒類小売店の数は減ってきた。この5年間で年平均すれば20戸の減少が続き，100戸減ったといわれる。特に，熊本市ではかつて600〜700戸あった店舗数も，現在では300戸に減っている。こうした状況の中で起こった今回の激震とその被災状況で，酒販小売店は経営上将来的にどのような影響を受けるのか，懸念されるところである。

（1）倉庫，店舗の被害状況

　今回の地震では，まず14日に起こった前震の後，いち早く復旧するために破損商品の片付けや再陳列に全力を傾けた。しかし，翌々日に本震が襲ってきた。店舗の損壊が深刻になった一方で，従業員の精神的痛手も大きかった。熊本地震による被害実態（2016年7月時点）について，小売酒販組合連合会によれば，熊本市とその周辺地区，隣接地区で特に被害が大きかった。「一部損壊」以上の被害に遭った店舗または住居数は，県内全域で549戸（全体の約46％）に達した。そのうち，熊本地区は273戸と最も多く，次いで菊池地区の80戸，宇土地区の76戸，阿蘇地区の69戸，八代地区の20戸などであった。

（2）被害規模別の分布（戸数）

　被害規模別にみると，まず店舗または住居の「全壊」は25戸（被害全体の約5％）で，そのうち熊本地区11戸，阿蘇地区9戸，菊池地区3戸，宇土地区2戸であった。また，「大規模半壊」「半壊」は180戸（被害全体の約33％）で，内訳は熊本地区82戸，宇土地区46戸，阿蘇地区26戸，菊池地区19戸などであっ

た。さらに，「一部損壊・家財損壊」になると，344戸（被害全体の約63％）へと増えた。内訳では，熊本地区180戸と最も多く，菊池地区58戸，阿蘇地区34戸，宇土地区28戸，八代地区19戸などであった。

（3）商品損傷の状況

　店に陳列しているか倉庫に保管している「商品の損壊」については，1170戸のうち522戸（約45％）が被害を遭った。そのうち，「3万円未満の損壊」被害を受けた店舗は68戸であった。これに対して，「3万円以上の損壊」被害を受けた店舗は454戸と多く，「損壊」を受けた店舗の約9割弱にのぼった。ここに，小売店舗における陳列瓶等の破損被害がいかに多かったか，垣間見ることができる。「3万円以上の損壊」被害を受けた店舗数を地区別にみると，熊本地区が244戸と最も多く，次いで菊池地区が71戸，阿蘇地区が69戸，宇土地区が47戸などであった。

　熊本小売酒販組合のまとめでは，2017年5月時点で，甚大な被害地である益城町や熊本市街地を中心に休業で再開のメドが立たない組合員が7者あり，廃業・脱退する組合員も16者あるという。新規加入者は9者あるものの，例年の減少傾向は免れない。完全復旧・復興に向けて，これからが正念場となっている。

第5節　支援体制

1　国の支援体制Ⅰ―国税の申告・納付，書類手続き等に関する弾力的措置―

　酒類産業は基本的に財務省国税庁の管轄となっているため，震災被害にともなう各種の支援措置は国税庁から2016年4月，6月にアナウンスされた。ヒアリング調査では，熊本国税局による各種の支援措置・内容ははっきりしていてわかりやすく，業者の側からは好意的に受け止められていた。支援措置は，大きく4つに分けられる。

（1）熊本県における国税に関する申告・納付等の期限の延長措置

　2016年4月22日付けで，地震発生後に到来する申告・納付等の期限を，全ての税目について，自動的に延長した。この措置の周知徹底を図るために，電話

第4章　熊本地震と酒類産業

表4-3　被災した酒類製造場の取扱いの特例措置

被 災 事 情	弾 力 的 措 置
製造場が被災して製造ができなくなり，他の場所で製造を行う場合	原則，移転を許可。移転許可申請の添付書類は所在地を明確にした書類で可。提出時期は弾力的に取り扱う。
酒類の製成が不可となり，酒母又は醪を他の製造場に移出して製成する場合	移出に係わる承認申請が行われた場合は承認を与える。事前の承認申請が困難な場合には，申請書類の事後提出を認める。
製造場又は蔵置場の被災で一時的に他の場所で貯蔵又は容器詰めを行う場合	蔵置場の設置取扱に準じて設置を許可。添付書類は所在地を明確にした書類で可。書類の提出時期は弾力的に取り扱う。
酒類の貯蔵ができなくなり，他の製造者に一時的に貯蔵を委託する場合	未納税移出の承認を与える。
酒類，酒母又は醪が亡失した場合	亡失等の届出は弾力的に取り扱う。

資料：国税庁資料より筆者作成。

相談センターを開設し，適宜被災者の対応に応えられるようにした。

（2）酒類等製造者に対する措置

　熊本地震による被災状況に応じて，酒類等製造者に弾力的な措置を講じた。例えば，従来ならば，製造器具，機械設備等の破損や工場損壊等が生じ，設置場所を製造場とは異なる他地域に移した場合，各種書類の提出とその上での現場視察など諸手続きをしなければ認可されなかった。だが今回の場合には，震災からの復旧をできるだけ早め，事業の再開に全力を尽くせるように，諸手続きを簡素化した。写真や書類等による最低限の書類が整えられ確認されれば，現場視察を経なくても良いように特例措置を設けた。

　具体的には，5つの被災状況に対して，それぞれ弾力的に措置された（表4-3）。

（3）酒類販売業者に対する措置

　この措置は，3つの被災状況に応じて弾力的に行われた。

　第1は，販売場が被災し，「一時的に」酒類の販売を他の場所で行う場合である。まず，他の場所での継続した酒類販売を行う場合には，「期限付きの免許」を付与した。その際，免許申請に係わる添付書類や提出時期は，被災状況

109

等に応じて弾力的に取り扱うことにした。さらに，期限付き免許を付与した時に，酒類販売管理責任者に変更がない場合には「酒類販売管理者選任届出書」の提出は不要とした。

第2は，販売場が被災したため，酒類の販売業を「他の場所で行う」場合である。まず，原則として移転を許可した。その際，移転許可申請に係わる添付書類や提出時期は，弾力的に取り扱うこととした。

第3は，酒類販売管理研修の受講が困難になった場合である。これに対しては，被災状況等に応じて受講時期を弾力的に取り扱うこととした。

（4）その他

従来であれば，一定期間製造，販売が行われなければ製造，販売免許は停止措置の対象となった。しかし，今回熊本地震によって甚大な被害が発生したため，その例外措置を講じた。具体的には，被災地での酒類の製造または販売を休止している期間については，被災期間とし，免許の取消し判定の対象となる休止期間とはしないとした。ただ，この措置が本格的に適用されるような事態は現実には起こらなかった。

2　国の支援体制Ⅱ─被災酒類に係る酒税相当額の特例還付措置─

熊本国税局は，2016（平成28）年6月に「災害被害者に対する租税の減免，徴収の猶予等に関する法律」に基づいて，販売のために所持していた酒類のうち破損などの被害を受けたものに対しては酒税相当額の「特例還付」の告知を行った。これは，東日本大震災でも実施された。この「特例還付」制度は，後に酒税法が改正され，国税庁長官に指定された酒類製造業者が一括して還付申告を行うことによって，スムーズに還付手続きを実施し，業者の復旧・復興を円滑に後押しできるようにした。それまでは，大地震の時にそのつど国税庁長官が1回1回通達を出し還付手続きを行っていた。ちなみに，今回指定されたのは高橋酒造（株）であった。

具体的な手続きとしては，酒販組合等からの要請と協力を前提に，次のような措置が講じられた。まず第1は，被災酒類の数量等の確認手続きの簡素化を実施した。例えば，帳簿の滅失等で被災酒類の数量等が不明になった時には，税務署提出の客観的資料に基づいた書類作成でも可能とした。ラベルの汚損等

で販売できなくなった酒類については，その廃棄が明白な場合に被災酒類として扱うことにした。さらに，指定酒類製造者を設定することで，書類作成を最小限にとどめた。

第2は，酒税相当額の早期還付の実施である。まず，酒類業者は税務署から確認書を交付され，それは該当地域の酒販組合を通じて指定酒類製造者に集約され，指定酒類製造者が税務署へ酒税の還付申告を行うこととした。次いで，酒類業者へできるだけ早く還付するために，該当地域の酒販組合を通じて酒税相当額を支払うこととした。料飲業者に酒税相当額を支払う場合には，酒類の仕入れ先の酒類販売業者が行うこととした。

この「特例還付」制度は，熊本地震発生後の7月から書類審査の受付が始まり，8月から還付が実施されてきた。熊本県小売酒販組合連合会によれば，還付の金額は2017年5月現在で276件，約5千万円にのぼっている。しかし，実際の破損金額ははるかにこの金額を上回っていると予想される。というのは，一定の資金規模がある業者は，流通段階にある商品の破損は基本的に「損金」で対応・処理したとみられるからである。この「還付金」申請の効果は，実際には緊急的な現金調達ができ，当面の資金繰りに役立つところにある。これを考慮すると，還付金額は実際の破損総額の1割程度との見方もある。

3　熊本県の支援体制

熊本県は，熊本地震によって被災した中小企業グループが地域の経済・雇用の早期回復を図るのを支援するために，先に述べたように，「熊本県中小企業等グループ施設等復旧整備補助事業」を実施した。具体的には，中小企業グループが，熊本県の認定を受けた復興事業計画に基づいて施設復旧等を行う際に，その費用の一部を補助するというものである。この補助対象経費は，施設・設備の復旧に要する施設費，設備費，工事費等である。補助金の限度額は1事業者当たり15億円と定められた。事業実施期間は，交付決定日から2017（平成29）年3月31日までとしており，原則としてその日までに完了する事業が対象とされていた。

この事業計画は，熊本県復興事業計画評価委員会によって認められ，この認定書は2016年8月23日に交付された。ちなみにこの一次締切には，県下全域から113グループが申請しており，105グループが認定された（認定率93%）。た

だ，熊本地震が広範囲で規模も大きかったため，交付申請期間は延長された。2017年9月6日までの集計では，申請予定件数は4,918件，金額は1,448億円にのぼったものの，このうち実際に支払われたのは706件の82億円にすぎない。この補助金の交付が遅れた要因として，事務処理要員の人員不足だけでなく，益城町や熊本市を中心に工事需要に対して業者不足が深刻化していたこと，さらに遠隔地の業者に依頼すると機材の搬出入や人員の移動などで手間取ったり，宿泊などの費用負担が追加されるなど予期せぬ事態が発生し，コストが想像以上に膨らんだことがあげられる。

　熊本県では，こうした事情をふまえて最終の交付申請を2017年12月末までとした。しかし，一定の困難な事情が認められる場合には，次年度でも申請が可能となるように国に働きかけるとしている。また，復旧工事に際して，業者不足による人件費や材料費等に急激なコストアップ分が認められた場合には，その一部だけでも支援するための助成措置を始めるとしていた。さらに，補助金申請の被災者による書類作成を支援するために，「補助金申請アドバイザー」として実務に詳しい経営指導員等を活用するとした。こうした一連の対策費として，熊本県は，2017年度の補正予算案に1億6,900万円を計上した。

4　各種の支援

　まず第1は，被災商品を対象とした「特例還付」制度だけでなく，大手酒類メーカーが中心となって，ビールや焼酎等で被災して汚れたり，ラベルがはがれたり，缶の凹みができたり，傷ついたりした商品を，小売業者や卸売業者からより迅速に相当多く回収したことである。これは，酒類の小売販売店にとっては相当に助かったのではないか，という。他方，このことは流通秩序の維持に貢献した側面も見逃せない。というのも，これによって，汚れたり，ラベルがはがれたりした製品が安く大量に出回り，市場で安売りによる値崩れが拡がることを防ぐことができたからである。また，それによって製品イメージが大きく削がれることも回避できたともいわれる。

　第2は，熊本地震に対する復旧・復興支援のための支援・見舞金である。例えば，熊本県小売組合連合会では，小売中央3団体（全国小売酒販組合中央会，全国酒販協同組合連合会，全国酒販生活協同組合）から地震被害を受けた3つの県の小売酒販組合に対して，2016年5月に総額300万円の見舞金が贈呈され

第4章　熊本地震と酒類産業

表4-4　酒類業者関係の支援金・寄付金等

年　月	支援者・寄付者等	支援金・寄付金等
2016年4月	高橋酒造(株)：被災地や文化財再建のため	救援金3,000万円
2016年4月	霧島酒造(株)：霧島春まつり開催費用を復興支援へ	義援金2,000万円
2016年12月	キリングループ：復興応援キリン絆プロジェクト	支援金：総額1億5,800万円
2017年10月	和醸和楽(全国27蔵＋全国酒飯店35店)	「呑んで復興」寄付金約360万円

資料：「醸界タイムス」の記事より筆者作成。

た。その内訳は，熊本県に150万円，大分県に120万円，宮崎県に30万円であった。また，小売中央団体の呼びかけで熊本地震に係わる義援金も寄せられた。2017年5月時点で，義援金額は2,543万5,387円に達しており，それは被災程度に応じて熊本県下の各単組に配分された。

最後に，酒類業者関係の支援金のいくつかを列挙したのが表4-4である。小売店等の流通業者による会合等を含めて，数多くの支援のためのイベントや企画が行われ，多くの義援金や見舞金，支援金が贈呈された。

第6節　復興への課題と教訓—地域活性化への課題—

1　教訓—震災時での特例措置の連絡体制をスムーズに—

熊本地震発生後，復旧・復興に向けた各種の支援のための特例措置が設けられた。ただ，ヒアリングでは，「グループ補助金」申請の手続きに関わって，一定の危惧の声が聞かれた。この申請は，基本的に地方税を滞納していないことを前提としていた。ところが，市町村や県では激震による納税の延期措置が統一されていなかった。連絡も，混乱のなかホームページで示されただけの場合が多く，直接連絡されることは少なかった。例えば，町税は7月末，県税は9月末と延期の時期は異なり，県税の延期に合わせて納税していたら，町税を滞納することになった。そのことが，一定の混乱を及ぼしたかもしれなかった。

災害時こそ，市町村や県など地方自治体レベルの各種の復旧・復興支援のための特例措置は，内容をできるだけ統一した形にしておくべきこと，確実に連絡が伝わる体制の構築を教訓とすべきであろう。ちなみに，熊本国税局からの酒税の申告・納税の延期措置では，2016年4月中にスムーズにその内容が伝え

113

表 4 - 5　熊本県における清酒の課税移出数量の推移

（単位：kℓ，％）

年	1月	2月	3月	4月	5月	6月	7月	8月	9月	10月	11月	12月
2007年	266.5	201.1	271.2	304.0	224.9	210.7	200.6	187.9	274.1	210.4	350.1	608.9
2016年 （前年比）	89.4 (-3.8)	114.4 (10.9)	136.4 (8.7)	124.2 (0.0)	102.1 (18.4)	101.7 (13.7)	88.8 (-7.4)	98.8 (20.5)	94.4 (4.7)	93.9 (-16.8)	135.3 (4.9)	279.9 (2.3)
2017年 （前年比）	88.7 (-0.9)	118.1 (3.3)	142.6 (4.5)	124.3 (0.0)	93.5 (-8.4)	89.5 (-12.0)	91.5 (3.0)	90.0 (-8.9)	80.8 (-14.5)	112.9 (20.2)	141.6 (4.7)	261.3 (-6.6)

注：日本酒造組合中央会調べ。
資料：『酒類食品統計月報』より筆者作成。

られたという。

2　長期的減少傾向の克服―熊本地震と課税移出数量の推移―

　日本の清酒は，近年輸出の増加はみられるものの，全国的な課税移出量は減少傾向にある。清酒の出荷数量（日本酒造組合中央会調べ）は，2007年の67.6万kℓから漸減傾向にあり，2016年には約54万kℓへと約2割減少した。ただ，この5年間の推移の内訳をみると，吟醸酒が47％と大きく伸び，純米酒も16％増加した。むしろ，減少しているのは本醸造と一般酒で，それぞれ23％減，18％減であった。

　熊本県の清酒の場合には，2016年は2007年からの9年間で大きく半減させている。消費者の清酒離れがみてとられる。次に，熊本地震前後からの清酒の動向をみると（表4-5），2016年の4月の熊本地震から6月までと8月の出荷数量は前年比で増えた。これは，清酒の製造期間が10月から4月までであったため，醸造段階での清酒被害が比較的少なかったこと，復旧支援イベントや支援販売等によって出荷量が支えられたことによっている。実際に，熊本地震後，県内消費は落ち込みをみせたものの，県外出荷は対前年比で4月23％，5月69％増加し，7月は一時的に落ち着くものの，8月には大きく伸びている。

　しかし，震災後半年が過ぎた10月には前年比で減少し，その後ほぼ例年並みに推移している。その後2017年に入り，1年経過した5月，6月，8月，9月に一定の落ち込みをみせている。ただ，10月の前年比増を受けて，これから消費需要をどれだけ増やせるか，正念場となっている。

第 4 章　熊本地震と酒類産業

表 4-6　原料米と熊本の清酒業

酒造会社	銘　柄	原料米（生産地）	備　考
熊本県酒造研究所	香露	華錦ほか	熊本酵母を維持管理
瑞鷹	瑞鷹，純米吟醸宗薫	山田錦，吟のさと，華錦	米農家との酒米栽培
千代の園酒造	純米吟醸「産山村」 朱盃，熊本神力，泰斗	五百万石（阿蘇郡産山村） 山田錦，九州神力，亀の尾ほか	20年の絆 新酒米品種，精米技術
通潤酒造	純米酒「雲雀」 通潤，蝉，蛍丸	華錦（益城町山都町） 華錦，山田錦，レイホウ	酒米づくり 斬新なデザイン開発
花の香酒造	花の香　桜花，菊花	山田錦，レイホウ，華錦	昔からの撥ね木搾り
美少年	美少年	山田錦，菊池産ヒノヒカリ	新しい美少年ブランド
山村酒造	れいざん	華錦，山田錦，神力ほか	寒冷地での三段仕込み
河津酒造	花雪，一本〆，七歩蛇	華錦，山田錦，一本〆米	古き良き製法の工夫
亀萬酒造	亀萬，萬坊	山田錦，レイホウ，神力，華錦	日本最南端の氷仕込み
室原	和田　志ら露	アキマサリ	蔵を活用した町おこし

注：原料米・華錦は熊本県初のオリジナル酒造好適米である。
資料：熊本県酒造組合，「醸界タイムス」の記事より筆者作成。

3　他の地域産業との連携で熊本清酒のさらなる普及へ

　全国的に最近伸びている吟醸酒や純米酒については，熊本の清酒業界は独自の製品開発を進めてきており，歴史的な伝統も持っている。日本の西南地域に位置して歴史の中で脈々と育まれてきた熊本清酒の特徴は，各蔵の原料へのこだわりや独自の製法としていかんなく発揮されており，熊本清酒は日本各地の清酒産地と比較しても固有の技術伝播と産業集積を有する銘醸地として，もっと広く語られてもまったく不思議ではない。

　実際に，熊本の清酒業界は，酒造りに適した現地の好適米に麹菌，酵母菌，そして醸造法の技術をうまく組み合わせて，熊本特有の銘醸・銘柄品を生み出してきた。具体的に熊本県の清酒特性を生む構成要素をまとめたのが，表 4-6である。酵母については，ほとんどの業者が故・野白金一氏の生み出した熊本酵母を使用している。

　この表をみながら，これから将来に向けて新たな発展を展望する際に検討すべき課題を，いくつかあげてみたい。第 1 は，熊本清酒のブランドの発信である。熊本清酒は，仕込水，熊本酵母，そして暖地醸造法等で日本でも有数の特性を持っている。その品質は，野白金一氏を中心とした業界による歴史的な積

115

み重ねによって達成されたものである。特に，熊本酵母（9号系譜の酵母）に由来する新しい酵母は，現在全国のさまざまな蔵で使われている。熊本特産の「華錦」など新たな原料米を使い，歴史的に育まれた醸造方法を駆使して，きれいな湧水によって仕込まれた「熊本清酒」は，今日でも個性溢れる高品質ブランド製品として，消費者に語られなければならない。その物語こそが，製品「価値」のイメージに彩りを与える。

　第2は，原料としての好適酒米を提供する農業者との連携で，米の特性を活かした品質の向上を推進することである。他方では，産地イメージを流通業者や情報関連産業との連携で明確化し，前面に打ち出すことである。今日，アメリカではクラフト・ビールが話題となっている。これは，大手ビール・メーカーの製品に物足りなさを感じたアメリカの消費者が地域の味や香り等の個性あふれる地元ビール製品を嗜好した結果といわれている。熊本清酒の個性は，吟醸酒や純米酒等の特定名称酒にあり多くの人に知られている。現代は，インターネットを活用した情報媒体によって，産地の製品をそのまま世界市場の消費者に結びつける時代である。産地イメージを他産業との提携によって明確化し，産地の「ブランド価値」を多様な諸要素から総合的に創造されたイメージへと作り上げる工夫がもっと検討されて良い。

　最後に，人生と健康に役立つ熊本清酒の文化ロジックである。かつての酒は，宴会，接待，冠婚葬祭等の付き合いで飲まれるものが多かった。日頃言えないことを目下の者がもの申したりの「無礼講」等，酒にまつわる話は多様である。しかし，現代は，少子高齢社会，格差社会，孤独死等が話題となる中で，人間の交流は希薄になりつつある。ある意味，本音の言いにくい時代でもある。逆にいえば，新しい時代にふさわしい友達付き合いから男女交際，地域づきあい等が問われているかもしれない。熊本清酒は，その味わい，飲み方，そしてソフト化（低アルコール化）・ファッション文化を通じて，新しい時代に紡がれる人間交流にいかなる貢献ができるのか，生活の中における清酒の存在感が問われている。それは，熊本清酒に対する従来にはない飲み方や新しい製品開発等，多様な内容が求められているのかもしれない。

付記

　本章は，東京地学協会の研究助成によるヒアリング調査研究を基礎に作成さ

第4章　熊本地震と酒類産業

れている。

参考文献

株式会社醸界タイムス社（2016, 2017）：酒類業界専門紙「醸界タイムス」。

熊本県（2016）：「熊本県中小企業等グループ施設等復旧整備補助金交付要綱」。

国税庁（2016a）：「国税庁告示第9号　熊本県における国税に関する申告期限等を延
　　長する件」2016年4月22日。

国税庁（2016b）：「平成28年熊本地震により被災された酒類業者の皆様へ（被災した
　　酒類製造場等に係る酒類製造免許等の取扱いの特例について）」2016年4月
　　（https://www.nta.go.jp/kumamoto/topics/saigai/01.htm）。

国税庁（2016c）：「災害を受けた場合の納税の緩和制度について」2016年4月。

国税局・税務署（2016）：「酒税相当額の特例還付を受けるための手続等について」
　　2016年6月。

酒文化研究所（2016）：「【復興支援】立ちあがる熊本の酒 －飲んで，出かけて，熊本
　　から買って応援」『NEWS LETTER』第42号，2016年6月。

シック商品開発室（1990）：『くまもとの酒』㈱シック。

瑞鷹㈱（2016）：瑞鷹のニュース「熊本地震」2016年4月17日（http://www.zuiyou.
　　co.jp/news/4993/），「本社事務所閉鎖に関するお知らせ」2016年4月22日（http:
　　//www.zuiyou.co.jp/news/4992/），「経過ご報告」2016年4月27日（http://
　　www.zuiyou.co.jp/news/5018/），「経過ご報告2（製品出荷の見通しについて）」
　　2016年5月7日（http://www.zuiyo.co.jp/news/5022/）。

中小企業庁（2016）：『被災中小企業者等支援策ガイドブック　第6版』中小企業庁，
　　2016年5月31日。

内閣府政策統括官（経済財政分析担当）（2016）：『平成28年熊本地震の影響試算につ
　　いて』内閣府，2016年5月。

中野恵利（2015）：『ちいさな酒蔵　33の物語』人文書院。

㈱南部美人（2016）：「熊本大地震，9号酵母発祥の蔵『香露』の状況について」『蔵
　　元だより』2016年4月18日（https://www.nanbubijin.co.jp/news/12374/）。

野白先生謝恩刊行会（1992）：『酒の神様・野白先生』㈱シック。

第5章

熊本地震と商業

山本耕三

第1節　筆者の被災体験から

　2016年4月14日（木）21時26分に発生した平成28年（2016年）熊本地震の「前震」は，熊本市中央区の観測地点における震度は5強であった。この時点では筆者の研究室・自宅ともにこれといった被害は見当たらず，勤務先の自転車置場に置いていた自転車が転倒しているのみであった。「前震」後に帰宅して入浴もしている。入浴後，念のため湯を捨てた浴槽に新たに注水しておいた。これが「本震」以降のトイレに活用されることになる。「前震」と「本震」の間に唯一小売店舗に立ち寄ったのは4月15日（金）の昼時，熊本市中心市街地内のコンビニエンスストアであった。飲料・菓子類はあるが，弁当・惣菜・パンは売り切れており，入荷予定は道路状況次第とのことであった。くまもとまちなか駐輪場下通1丁目のすぐ近くでは水道管が破断し漏水していた。新市街アーケードには規制線が張られていたが，完全な立入禁止ではなく，規制線内の建物に用がある場合は警備員に申し出れば立ち入りできた。

　4月16日（土）1時25分に発生した「本震」は，熊本市中央区では震度6強であった。この時は研究室にいて数分間停電した。電気が復旧し，本棚の上から3段分，奥と手前の2列に並べていた本のうち手前側が床に落ちていること，水道は断水していないことを確認して帰宅した。勤務先の単車置場に置いていた原付は転倒していた。自宅は帰宅時には電気は通じていたが，水道は断水していた。ガス（プロパンガス）はガス栓を開くこと自体がためらわれ，確認していない。家具部屋にあてていた室内の棚が転倒し，足の踏み場がないほど棚の物が床に散乱していた（写真5-1）。また，台所ではオーブントースターが

119

写真5-1　平成28年（2016年）熊本地震「本震」の日の朝の自宅
資料：2016年4月16日筆者撮影。

　床に落ちてガラス管が割れていた（地震に伴い破損して使用不能となった物はこれが唯一である）。職員宿舎の他の住民が駐車場に集まっていたので，自宅から寝袋とラジオを持ち出してそこに加わり一夜を共にした。夜明け後，傾斜地を造成した敷地内で，切土と盛土の境目かと思われる場所で地割れ，盛土と思われる部分で地盤沈下，そして大量の漏水を確認する。耐震診断の結果や耐震補強の有無により，自宅は危険，勤務先は安全だと考えられたため，自宅にある食料や食器の一部を勤務先に運び，転居するまで勤務先で寝泊まりすることになる。この日は小売店舗には立ち寄っていない。
　4月17日（日）は入浴・洗濯・買い出しをしたいと思ったが，営業しているスーパーマーケット店頭の長蛇の列や入浴施設の大混雑がニュースや口コミにより伝わり，何時間も並んで待つよりはさらに遠方に行くことを思いつく。公共交通機関は不通，自家用車は持っていないので，原付で大牟田市へ，鉄道に乗り換えて福岡市内の実家に行き，1泊して入浴・洗濯をして，帰路の大牟田市内で買い出しすることにする。幹線道路は大渋滞であったが，原付なので路側帯がある区間では渋滞をすり抜けることができた。玉名市内で地震後初めて飲食店に立ち寄る。ファストフード店であったが，一部メニューに限定しての

営業であった。

　4月18日（月），大牟田市内の大型ショッピングセンターに立ち寄る。食品売場の天井の一部が剥落していたが，その部分だけ規制線を張って立入禁止にしている以外は営業していた。しかし，レンジ米や無洗米は品切れであった。この時点では，被災地では電気は使えても水とガスが使えない状態の住宅が多かったと思われる。被災地から買い出しに来た客がまずはレンジ米を，それがなくなると無洗米を買っていったのだろう。惣菜売場でおにぎりが大量に並べられていたが，保存のきくものを買いたかった。帰宅時に掲示板で避難指示の掲示を見つけ，勤務先に移動して就寝する。

　4月19日（火），自宅は宿泊しなければ立ち入ること自体は可能であったので，転居先が決まらないまま引っ越しのための荷造りを開始する。この頃からコンビニエンスストアや営業再開したスーパーマーケットで行列なしで弁当類が買えるようになったが，種類が少なく，しかも野菜は漬物だけであることが多かった。平時には閉店間際や深夜は閑散となるはずが，夜間は車中泊のために駐車場を開放している（開放せざるを得ない）店舗が多く，それらの店舗では夜間の駐車場が混雑していた。水道は徐々に復旧しつつあったが，都市ガスはまだ復旧しておらず，熊本市中心市街地の飲食店の多くは営業再開に至っていない。調理可能な飲食店であっても営業再開ではなく炊き出しを行っている光景をよく見かけたが，空腹時に炊き出しの場に居合わせたことがなく，一度も利用しなかった。

　4月20日（水），入浴・洗濯と，食料は量的には足りているが，野菜類への飢餓感が生じたため，福岡市内の実家に1泊する。鹿児島本線熊本駅以北は4月18日に再開したものの同日中は運休・再開を繰り返していた。再開翌日からは列車運転が安定したように思われたので，今回は熊本駅から在来線を使う。当時は在来線が福岡方面へ行ける唯一の公共交通機関で，大牟田駅までは超満員で立つことになる。熊本市内で食料調達が困難でなくなってきたことや，引っ越しが決定したことから，買い出しは控えた。

　4月23日（土），この日から九州新幹線熊本駅以北が運転再開されたので，みたび入浴・洗濯と野菜補給のため福岡市内の実家に1泊する。帰路は実家の軽自動車を借り，以後，引っ越しまでの入浴は県北の日帰り温泉施設を利用した。建て替えや長期休業に至った店舗を除き，食品スーパーの多くはこの頃ま

でに営業再開していた。しかし，ホームセンターは再開できていないか，店舗前で衛生用品・防災用品等品目を限って販売しているケースが多かった。熊本市内で営業再開していた数少ないホームセンターは，駐車待ちの車列が国道上にできるほどで，入店できたとしても梱包資材などの引っ越しに必要な商品が品切れしており，それらを購入するためには熊本市外のホームセンターまで行く必要があり，数日おきに県北の日帰り温泉施設とホームセンターに通った。

　4月25日（月），熊本市中心市街地の都市ガスが復旧し，水道はすでに復旧していたため，飲食店の営業再開が相次ぐ。ただし，筆者がこの頃に利用した飲食店すべてで聞いたり貼り紙を確認したところ，この時点ではフライヤーを使わない限定メニューとし，余震の規模・回数の低減をにらみながら，多数のボランティアの来訪が見込まれる4月29日のゴールデンウィーク入りに通常メニューに戻した例が複数あった。

　4月27日（水），転居先が他地区の職員宿舎に決定する。4月29日（金・祝）に転居先の鍵を受け取り，寝具を運び入れて布団で寝ることが可能になった。しかし，業者の多忙により都市ガスの開通は5月5日（木・祝），引っ越しは5月16日（月）まで待つことになり，ガス開通日まで数日おきの日帰り温泉施設とホームセンター通いが継続する。

　5月9日（月）に授業が再開した。引っ越し後も，片付けや住居用品の買い換え，被災や転居に伴う各種手続きが続き，実家に自動車を返して平常の生活に戻れたのは6月に入ってからである。

第2節　熊本都市圏の小売店舗の被害と復旧—大型店を中心に—

　「前震」「本震」ともに夜間に発生したこともあり，営業時間短縮や店舗前販売こそすれ休業しなかった小売店舗が存在する反面，廃業・建て替え・長期休業に至った店舗もある。

　熊本県の地方紙である熊本日日新聞において，記事とは別に「生活関連情報」欄が設けられ，「店舗情報」が掲載されたのは2016年4月18日朝刊からである（熊本日日新聞社編集局，2016）。それ以前の「生活情報」欄は避難所や給水所の紹介が主で，店舗の営業情報は記事中に断片的に記載されているのみであった。また，熊本地震関連の店舗の営業情報が詳しく記載されている

Webページにおいて，日付が特定できるのは4月17日からである（都市商業研究所，2018）。前者は掲載対象がほぼスーパーマーケットと百貨店に限られるのに対し，後者はそれ以外の業態も掲載されているが（おおむねコンビニエンスストアより大きな店舗が掲載対象），業態や会社により記載内容に精粗の差がある。前者では，早くも4月20日朝刊からは熊本市内に関しては営業店舗の掲載をやめ，「休業する主な小売店舗」の掲載に変更している。これは，前日までには営業店舗が多数派となったことを意味し，筆者が食料品の購入のためにわざわざ遠方まで出かける必要はないと判断した時期と一致する。

　では，地震後数日以内に営業再開できなかった店舗には，どのような特徴があるのだろうか。例えば，シネマ・コンプレックスを併設しているショッピングセンター5店の全館営業再開日は，順に，イオンモール宇城（宇城市，2016年7月1日），ゆめタウン光の森（菊陽町，2016年9月13日），イオン熊本中央店（熊本市，2016年11月23日），イオンモール熊本（嘉島町，2017年3月24日），ゆめタウンはません（熊本市，2017年4月20日）である。震源地から比較的遠いイオンモール宇城が最も早いが，2か月半かかっている。最も遅い店舗は約11か月を要している。部分再開から全館再開に至る過程で，イオンモール宇城を除き，食品部門が先行してシネマ・コンプレックスが最後になっている。シネマ・コンプレックスを併設しない大規模なショッピングセンターやロードサイド型店舗においても営業再開まで数か月かかった店舗は少なくなく，熊本市民会館等のホール類では営業再開まで1年以上かかったケースも見受けられる。柱の少ない広い空間を持つ建物は，構造が地震に耐えても内装の破損の程度が大きく，地震で揺れている間の建物の歪みによるものではないかと，ローカルニュースで指摘されていたのを見たことがある。郊外型の大型ショッピングセンターは熊本都市圏では1990年代から2000年代にかけて建設されており，1981年の建築基準法施行令改正以降の建物である。

　次に，建て替えに至った店舗には，どのような特徴があるのだろうか。例として，サニー水前寺店，サンリブ健軍，サンリブ子飼を挙げる。これらは開業から40〜50年が経過し，1981年の建築基準法施行令改正以前の建物である。近隣型の商店街の核店舗またはそれに類する店舗である。サンリブ健軍は倒壊した様子をニュース映像などで見る機会が多かった。サンリブの両店舗はそれまで複数階を持つ総合スーパーであったが，平屋建てに建て替えられ，マルショ

写真5-2　建て替えを経て営業再開を告知するスーパーマーケットのポスター
資料：2017年11月25日筆者撮影。

クブランドの食品スーパーとして地震から1年以上を経て営業再開した。進出した時代とは異なり、現在では総合スーパーの非食品部門は苦戦しているのが通例であり、建て替えに際し食品スーパーに規模縮小したものとみられる。

　そのほか、食品スーパーではゆめマート楠（ゆめマート龍田と改称の上再開）、鮮ど市場本店、ショッピング丸勢健軍店、黒潮本流市場益城店（益城町、2018年2月現在工事中）が建て替えとなり、営業再開まで地震から1年以上を要している（写真5-2）。これらは1970年代から80年代にかけてベッドタウン化した地区にあり、築年数の経過した建物である。唯一の例外としてサンリブ

清水は2000年新規開業の郊外型大型店であるが、地震により半壊して平屋での建て替えとなった。ただしマルショク健軍や子飼よりは売場面積は広くテナントスペースもあり、サンリブブランドのまま店名をひらがなに換えて地震から1年以上を経て営業再開した。これらの建て替えでは東日本大震災を機に制度化された「グループ補助金」が活用されている。

完全に閉店した店舗は、個人商店を除けばロードサイド型の書店やドラッグストアなど、食品スーパーよりも敷地面積の狭い場合が多く、隣接する中古車販売店の屋外展示スペースの拡張用地になったり、携帯電話販売店が入居したりしている。

郊外型大型店の営業再開に時間がかかった影響か、熊本市の中心商店街では2016年秋の歩行者通行量調査において3％弱の対前年比増となった（熊本市商業金融課、2017）。熊本都市圏では1990年代後半から約10年の間に郊外型大型店が相次いで進出した。熊本地震の直前では、元大洋デパートであった建物で営業していた総合スーパーの建て替えのための閉店（2014年）、中心商店街南西端に位置する百貨店の廃業（2015年）が相次ぎ、「シャッター通り」とまではなっていないが、従来はアーケード街の横丁に成立する飲食店街がアーケード街にできあがっていき、買い回り品商店街としての中心商店街とは違う顔を見せつつあった（山本、2015）。逆に、核店舗が休業中の近隣型の商店街である健軍商店街では、歩行者通行量が対前年比半減している。個人商店は日曜日が定休日であることが多く、日曜日に営業しているはずの核店舗が休業中であるので、平日以上に休日の歩行者通行量が激減している。

第3節　益城町の小売店舗の被害と復旧―仮設商店街を中心に―

益城町は、平成28年（2016年）熊本地震において「前震」「本震」ともに震度7を観測し、被災地の中で最も震度が大きかった。応急仮設住宅の建設戸数も市町村別に見ると最大の1,492戸（2016年12月2日現在3,877人）で、全4,143戸（同1万982人）の3分の1強を占める。みなし仮設住宅は被災地全体で2016年12月2日現在1万2,100戸、入居者は2万7,960人を数え、応急仮設住宅の2.5倍規模である（毎日新聞西部本社、2017）。益城町民の中で、みなし仮設住宅入居者は、賃貸物件が多い熊本市をはじめ、町外のみなし仮設住宅に入

居しているケースが相当数いるものと思われる。国勢調査人口に住民基本台帳
人口の増減を加減した推計人口調査によると，熊本地震を挟む2015年10月１日
から2016年９月30日までの１年間で，益城町の社会減は1,083人，－3.31％で
あり，熊本県内市町村別にみると，減少数は熊本市に次いで２位，減少率は南
阿蘇村に次いで２位である。それ以前の調査では上位に挙がる市町村は天草や
人吉・球磨地域であったこととは様相を異にしている（熊本県統計調査課，
2017）。

　益城町は熊本市の東部に隣接し，2015年国勢調査人口は３万3,611人である。
1970年代から90年代にかけて熊本市のベッドタウン化が進展し，特に1975年か
ら1985年までは５年間の人口増加率が10％を超えていた。2000年代以降は人口
増加が頭打ちとなる。熊本県道28号熊本高森線に沿って，熊本市境から国道
443号と交差する寺迫交差点周辺にかけて，熊本市の外縁状に戸建住宅を主
とする住宅地が広がっている。また町内に益城熊本空港インターチェンジや熊
本空港があり，企業進出も近隣の大津町や菊陽町には及ばないながらもそれな
りにある。ベッドタウン化のピーク時はまだ大型店の出店規制が強い時代で，
規制緩和が進んだ時には人口増加が頭打ちになっていたこともあって，町内に
イオンモールやゆめタウンといった大型ショッピングセンターは存在しない。
熊本県による消費動向調査によると，商品別に見た益城町民の買い物場所は熊
本市が１位であることが多く，本来は居住市町村が高いはずの生鮮食品でさえ，
益城町よりも熊本市の方が若干シェアが高い。町内にドラッグストアと100円
ショップがあるため，益城町がシェア１位の商品は一般食品，日用雑貨品，化
粧品・医薬品となっている。その他の商品はいずれも熊本市が１位で，イオン
モール熊本がある嘉島町，ゆめタウン光の森がある菊陽町が熊本市に続く商品
が多く，電化製品や本・雑誌では店舗外（インターネット販売）にも負けてい
る（熊本県，2016）。

　宅地化した地域は，熊本市と接する西部の広安地域（旧広安村）とその東隣
で役場集落でもある木山地域（旧木山町）に大別できる。小売店舗の大半は熊
本県道28号熊本高森線沿線にある。岩政（2018）によると，2017年１月現在の
広安地域の214店舗のうち，地震前から空店舗または不明な20店舗を除くと，
営業再開は76.3％，未再開11.9％，解体中・更地11.8％であった（図５－１，
図５－２）。木山地域の98店舗のうち，地震前から空店舗または不明な３店舗を

第 5 章　熊本地震と商業

○：営業再開　□：未再開　△：移転再開店舗の移転元　×：解体中・更地

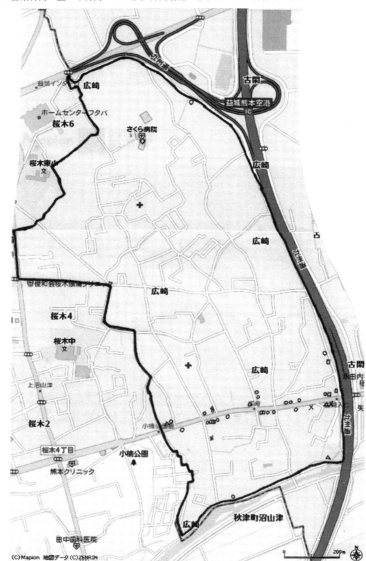

図 5-1　広安地域（広崎）における店舗の営業再開状況（2017年1月）
注：熊本地震以前からの空店舗と営業状況不明な店舗は図示していない。
資料：岩政圭次（2018）。

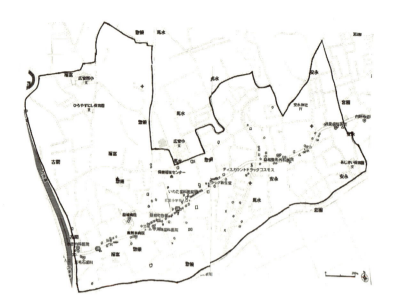

図 5-2　広安地域（古閑・惣領・馬水・安永）における店舗の営業再開状況（2017年 1 月）
注：記号は図 5-1 に同じ。熊本地震以前からの空店舗と営業状況不明の店舗，仮設商店街は図示していない。
資料：岩政圭次（2018）。

除くと，営業再開は55.8％，未再開4.2％，解体中・更地40.0％であった（図5-3）。熊本県道28号熊本高森線を西から東へ移動しながら景観を観察すると，広安地域よりも木山地域の方が建物被害が大きいことは明瞭で，両地域の営業再開率や解体中・更地率の差として表れている。

現地で営業再開できない店舗に対して，広安地域，木山地域，県内最大の応急仮設住宅であるテクノ仮設団地の 3 か所に仮設商店街が設置された。広安地域では，地震で営業できなくなった黒潮本流市場益城店の駐車場に，黒潮本流市場の仮設店舗とともに益城復興市場・屋台村が設置された。ここが最も早く設置された仮設商店街で，2016年 6 月25日に開業した。岩政（2018）によると，2017年 1 月現在，全17店舗のうち，仮設商店街出店以前の店舗所在地は，広安地域が11，木山地域が 2，その他の益城町が 1，熊本市東区が 1，イベント出店業者が 1，不明が 1 であった。業種は飲食店 7，最寄り品販売 6，サービス（理容・美容） 3，買い回り品販売 1 である。近隣の住民を主たる客層として

128

第 5 章　熊本地震と商業

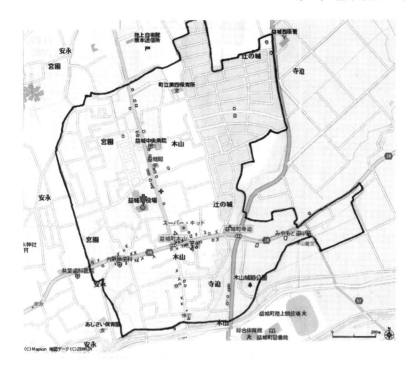

図 5-3　木山地域における店舗の営業再開状況（2017年1月）
注：記号は図 5-1 に同じ。熊本地震以前からの空店舗と営業状況不明な店舗，仮設商店街は図示
　　していない。
資料：岩政圭次（2018）。

いた店舗が多く，片付けのボランティアが減り，近隣住民の仮設住宅への転居が進むにつれて客数の減少に悩まされた。飲食店ブースは1店あたりのスペースが狭小で，どの飲食店もメニューを限定せざるを得ず，酒肴あるいは軽食にはよいとして，定食屋を欠く店舗構成であった。また，駐車場に建設したため残りの駐車場が狭く大型車用の駐車スペースがなかったことも，工事関係者の食事利用があまり進まなかったことに影響したのかもしれない。スーパーマーケットの建て替え工事の開始を受けて，益城復興市場・屋台村は2017年10月にスーパーマーケットの仮設店舗とともに撤去された（写真5-3）。出店者のその後は，建て替えやリフォームが終わった元の店舗に戻るケース，地震前とは別の地への移転，別の仮店舗への移転，自営業としての再開は断念したが同業

写真5-3 益城復興市場・屋台村の跡地と建て替え工事中のスーパーマーケット
注：建て替え工事中の建物の手前，柵で囲っている部分に益城復興市場・屋台村が，その手前にスーパーマーケットの仮設店舗があった。
資料：2018年2月17日筆者撮影。

者に雇用される形で料理人を継続などさまざまである。

　木山地域には，仮設商店街の最後発としていくばい益城笑店街が2017年1月10日に開業した。岩政（2018）によると，7店舗あり，うち6店舗が木山地域内から，1店舗が木山・広安地域以外の益城町内からの出店である。業種はサービス（美容・マッサージ）3，飲食店2，最寄り品販売1，買い回り品販売1である。飲食店は通常のプレハブ仮設店舗のスペースがある。こちらには定食屋があり，常連客となった工事関係者も存在する。その後，飲食店のうち1店が空店舗となり，別の飲食店が入居した。

　テクノ仮設団地は熊本空港と益城テクノリサーチパークの間の空地に建設された。既存の市街地から離れているため，交通弱者の買い物や子どもの通学で不安を持たれ，当初は入居辞退者が相次いだ。そのため行政主導で商店の誘致や路線バスの開設を行い，入居者で満たされるようになった。テクノ仮設団地入居開始当初の2016年7月からイオンによる移動販売車営業が行われ，9月6日に仮設店舗営業に移行した。同日，益城テクノ笑店街7も開業する。岩政（2018）によると，7店舗あり，うち4店舗が広安地域から，2店舗が木山地

域から，1店舗が移動販売業者の出店である。業種は最寄り品販売3，サービス（理容・マッサージ）2，飲食店（テイクアウト専門を含む）2で，買い回り品販売はない。その後，飲食店1，最寄り品販売1が空店舗となり，いずれも飲食店が入居したので，2018年2月現在の業種構成は，飲食店（テイクアウト専門を含む）3，最寄り品販売2，サービス（理容・マッサージ）2である。

そのほか，仮設商店街以外への移転が6店舗確認されており，1店が木山地域から玉名市への移転のほかは，広安地域内での移転である。

岩政（2018）による現地調査以降，筆者らによる追跡調査を行っており，広安地域においては建て替えによる営業再開が少数ではあるが増えていく見込みである。また，建て替えられた建物に建て替え前とは別の業種が入った例も見られる。ただし，県道拡幅計画が持ち上がり，道路用地にかかってしまう医療機関で熊本市東区への移転を決めているところもある。一方，木山地域では県道拡幅に加えて土地区画整理事業計画が持ち上がり，広安地域のようには現地再建可能か移転かをすぐには決められない状況にある（熊本県益城町 2016，同 2017，益城町 2017）。

付記

本稿は，公益社団法人東京地学協会熊本地震関連緊急調査・研究助成金「熊本地震に伴う地域産業の被災状況と復興過程に関する地理学的研究」（平成28年度，代表者鹿嶋　洋）および公益財団法人国土地理協会第17回学術研究助成「平成28年（2016年）熊本地震の被災地における店舗の営業再開状況」（2017年度，代表者山本耕三）による研究成果の一部である。末筆ながら，現地調査に協力していただいた方々に御礼申し上げます。

参考文献

岩政圭次（2018）：「熊本地震発生8か月後までの益城町における店舗の営業再開状況」『熊本地理』第28・29巻（印刷中）。

熊本県（2016）：『平成27年度熊本県消費動向調査報告書』熊本県。

熊本県統計調査課（2017）：『平成28年版　熊本県の人口―熊本県推計人口調査結果報告―』熊本県。

熊本県益城町（2016）：『益城町復興計画～未来を信じともに歩もう　みんなの笑顔

のために〜』熊本県益城町。

熊本県益城町（2017）:『平成28年熊本地震　益城町による対応の検証報告書』熊本県益城町。

熊本市商業金融課（2017）:『平成28年度　商店街歩行者通行量調査結果報告書』熊本市・熊本商工会議所。

熊本日日新聞社編集局（2016）:『熊本日日新聞特別縮刷版　平成28年熊本地震　1カ月の記録　2016年4月15日〜5月15日』熊本日日新聞社。

都市商業研究所（2018）:「都商研ニュース　熊本地震　主な営業休止商業施設」（http://toshoken.com/news/6094）。

毎日新聞西部本社（2017）:『熊本地震　明日のための記録』石風社。

益城町（2017）:『益城町復興計画　実施計画』益城町。

山本耕三（2015）:「熊本の中心商業地」山中　進・鈴木康夫編著『熊本の地域研究』成文堂，pp.215-229。

第6章

熊本地震と熊本県工業連合会の復旧・
復興支援活動

伊東維年

第1節　熊本地震の発生と本章のテーマ

　東北地方太平洋沖地震（東日本大震災，2011年3月11日発生）などの大規模
地震を他人事のように捉えていた筆者にとって，2016年4月に発生した熊本地
震は二度と経験したくない出来事であった。気象庁が「平成28年（2016年）熊
本地震（The 2016 Kumamoto Earthquake)」と命名した[1]大規模地震は何の予
兆もなく突然に発生した。4月14日21時26分，熊本県熊本地方を震央とするマ
グニチュード（気象庁 Mj) 6.5の地震（前震）が発生し，熊本県益城町で震度
7を観測した。その28時間後の4月16日1時25分には，同じく熊本県熊本地方
を震央とするマグニチュード7.3の地震（本震）が発生し，益城町と西原村で
震度7を記録した[2]。九州地方で震度7の地震を記録したのは，気象庁の観測
が始まって以降初めてのことであり，熊本地震のマグニチュードと最大震度は
兵庫県南部地震（阪神・淡路大震災，1995年1月17日発生，マグニチュード
7.3，最大震度7）と同規模であった[3]。

1）気象庁は，2016年4月15日10時30分の報道発表資料「平成28年4月14日21時26分頃の熊
　本県熊本地方の地震について（第4報）」において「平成28年4月14日21時26分頃に熊本
　県熊本地方で発生した地震について，気象庁はこの地震を『平成28年（2016年）熊本地
　震』と命名しました。また，英語名称は，『The 2016 Kumamoto Earthquake』と命名しま
　した」と述べている。また，気象庁は，2016年4月21日，4月14日夜から熊本県熊本地方
　や阿蘇地方，大分県で起きた一連の地震の名称を「平成28年（2016年）熊本地震」にする
　と発表し，名称を変更しない方針を示した。「避難10万人，大雨厳戒，不明2人の捜索中
　断　熊本地震1週間」『朝日新聞』2016年4月21日（夕刊）。
2）気象庁（2016a）p.47参照。

この熊本地震によって，人，地域住民の生活基盤，地域経済を支える生産施設・設備や社会インフラが甚大な被害を受けた。このため，熊本地震による災害は2016年4月26日に激甚災害に，5月2日には阪神・淡路大震災以来4例目となる特定非常災害に指定された[4]。

　熊本県危機管理防災課の「平成28（2016）年熊本地震等に係る被害状況について【第256報】」（2017年10月13日発表，速報値）によると，熊本県内における人的被害は死者246名，重軽傷者2,718名を数える。住宅被害は，全壊8,664棟，半壊3万4,335棟，床上浸水114棟，床下浸水156棟，一部破損15万3,907棟で，合計19万7,176棟に及んでいる[5]。

　また，熊本県商工観光労働部が2016年5月27日に発表した「被害額の推計について（製造業，商業・サービス業，観光業）」では，熊本地震の被害額は，製造業6,030億円（うち大企業4,510億円，中小企業1,520億円），商業・サービス業1,640億円，観光業（宿泊業）530億円，3業種合計で8,200億円と推計している。

　2016年5月23日に開催された，月例経済報告に関する関係閣僚会議において内閣府政策統括官（経済財政分析担当）により報告された『平成28年熊本地震の影響試算について』によると，熊本・大分両県のストック（社会資本・住宅・民間企業設備）の毀損額は約2.4～4.6兆円（うち熊本県約1.8～3.8兆円，大分県約0.5～0.8兆円）にのぼると推計している[6]。

　大規模地震により大きな被害を受けた企業が存亡の危機に立たされるケースも少なくない。そうした危機の時に事業を再起・継続させるために役立つものが，BCPの策定や保険への加入，備蓄品の購入・買増し，所有資産の点検，国による支援等であり，また企業間の相互扶助，企業間の協同組織である。企業間の協同組織は，災害時に企業を支援する重要な役割を担っており，その支援活動の在り方によってその真価が問われる。

3）小田・東・松永・山中・溜渕・秋野（2016）p.3参照。
4）内閣府非常災害対策本部（2017b）参照。
5）なお，熊本県危機管理防災課「平成28（2016）年熊本地震等に係る被害状況について【第257報】」（2017年10月17日16時30分発表，速報値）によると，熊本地震による死者は248名と同【第256報】（2017年10月13日16時30分発表，速報値）より2名増加している。
6）内閣府政策統括官（経済財政分析担当）（2016）p.2参照。

地域における企業間の協同組織には，地域の協同組合（事業協同組合，信用協同組合，協業組合，商工組合，商店街振興組合等）や経済団体（経営者協会，経済同友会，商工会議所，商工会）等がある。

本章では，一般財団法人熊本県工業連合会を取り上げ，熊本地震の被災企業に対する熊本県工業連合会の復旧・復興支援活動について考察し，評価することをテーマとする。熊本県内の数ある協同組織の中で熊本県工業連合会を取り上げる最大の理由は，筆者が長年にわたり熊本県の工業の研究に携わってきたこと，そしてその熊本県工業の中核的な協同組織が熊本県工業連合会であることに因る。

なお，あらかじめ本章の対象期間を，資料の揃っている2016年度とすることを断っておく。ただし，第3節の「6　防災産業都市構想フォーラムの設置」については，事の成り行き上，2017年度のことにも触れることとする。

本章のテーマである，熊本地震の被災企業に対する熊本県工業連合会の復旧・復興支援活動について論じる前に，熊本県工業連合会の概要について説明することから始めよう。

第2節　熊本県工業連合会の概要

熊本県工業連合会は，熊本県が熊本テクノポリス建設に尽力しているなか，県内工業界有志の呼びかけにより，本県工業界の力を結集して共通の課題を克服し，工業の振興を図るとともに地域社会の発展に貢献することを掲げ，1995年5月17日に設立された。設立総会では，平田機工株式会社の代表取締役社長であった平田耕也氏が初代会長に選任され，本連合会の目的として，①誘致企業と地場企業との生産連携強化，②大学や行政機関との連携，③既存団体間の連携強化の3項目を定め，事務局を当時の熊本テクノポリス財団内に設置することとした。設立時の会員は企業会員243社，団体会員5団体であった[7]。

翌1996年には，5月13日開催の第2回総会を契機に事務局移転を検討し，生産連携を効率的に進めるために財団法人熊本県中小企業振興公社（当時）内に

7）熊本県工業連合会の沿革については，本連合会の Web ページ「県工連のあゆみ」（http://www.kenkoren.gr.jp/outline/step.html，2017年10月1日アクセス）を参考にした。

移転した。97年には，本田技研工業株式会社の協力によるシリーズ形式の「コストダウン講習会」の開催，中小企業振興公社との共催での「経営ビジネススクール」の開校，県委託のISO9000シリーズ研修会の発足，熊本県工業大賞の創設など新しい事業に次々に取り組み，地域に根を張った団体としての形を整えていった。その後も，時宜にかなった事業活動を行い，事業分野を拡大するとともに，会員企業・団体も増えて行った。

設立後15年を経過した2010年5月17日開催の通常総会において，任意団体として事業活動・運営を行ってきた熊本県工業連合会について，社会的責任の明確化，会員へのサービス向上及び熊本県のものづくり企業等の業界発展を目指して，年内に一般社団法人化することが全会一致で承認され，一連の手続きを経て，同年10月1日付けで本連合会は一般社団法人へ移行した[8]。

2010年7月26日の同年度第2回幹事会で承認され，同年10月1日から施行された本連合会の定款は，第1条の名称に次いで，第2条にて当法人は，主たる事務所を熊本県熊本市に置くことを定め，第3条において当法人は，熊本県内において，産業の振興を図ることにより，会員の発展に資することを目的とし，その目的を達成するため，次の事業を行うものとしている[9]。

（1）県内企業の経営基盤強化に関する事業
（2）県内企業の販路開拓支援に関する事業
（3）県内外企業の連携促進に関する事業
（4）人材確保及び人材育成に関する事業
（5）産業技術に関する企画調査研修事業及び交流事業
（6）産学行政の連携促進に関する事業
（7）前各号に掲げる事業に附帯又は関連する事業

一般社団法人化後，熊本県工業連合会は利便性を考慮し，事務局を2011年4月1日に熊本県工業技術センター内に移転し，現在に至っている。2017年11月現在の組織体制は図6-1の通りであり，代表理事会長には，2009年度から4期8年を務めた足立國功氏（熊本ソフトウェア株式会社代表取締役社長）に代

8）熊本県工業連合会の一般社団法人化については，熊本県工業連合会（2010a）及び熊本県工業連合会（2010b）を参考にした。
9）熊本県工業連合会の定款については，熊本県工業連合会（2017）pp.66-72に掲載されている「一般社団法人熊本県工業連合会定款」を参照した。

第6章 熊本地震と熊本県工業連合会の復旧・復興支援活動

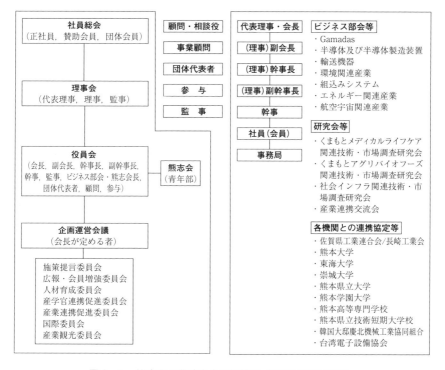

図6-1 熊本県工業連合会の組織図（2017年11月現在）
資料：熊本県工業連合会のWebページ（http://www.kenkoren.gr.jp/outline/construction.html, 2017年11月1日アクセス）による。

わり，2017年5月から金森秀一氏（株式会社オジックテクノロジーズ代表取締役社長）が就任している。2017年5月末現在の会員数は企業会員334社，団体会員17団体である[10]。

熊本県工業連合会は，2016年度の事業活動として，(1)総会，理事会，委員会等の開催，(2)復旧・復興への取り組み，(3)広報啓発・情報提供事業，(4)施策提言事業，(5)経営基盤強化事業，(6)人材育成・教育訓練事業，(7)産学官連携事業，(8)企業活力向上事業，(9)国際ビジネス・広域連携事業，(10) FCVプロモ・ミー

---

10) 熊本県工業連合会事務局長冨永好三氏からのヒアリング（2017年10月26日）による。なお，本連合会の会員数は，2017年10月26日現在，企業会員326社，団体会員17団体と，同年5月末に比べ企業会員が8社減少している。

ティングの運営，水素エネルギー関連産業セミナーの開催，(11)知財総合支援窓口，(12)産業振興ビジョン推進団体運営事業を行なっている[11]。これらの中でも，2016年4月の熊本地震の発生により数多くの会員企業が被害に遭ったことから復旧・復興への取り組みに尽力し，次節で述べるような各種の復旧・復興支援活動を実施している。

第3節　熊本地震被災企業に対する熊本県工業連合会の復旧・復興支援活動

　熊本地震の被災企業に対して2016年度に熊本県工業連合会が実施した復旧・復興支援活動は，類別すると(1)被害等の調査，(2)要望活動，(3)熊本県中小企業等グループ施設等復旧整備補助事業（グループ補助金）への応募，(4)経済産業省主催の「工業団地のリデザインによる地域企業の活性化研究会」への参加，(5)ものづくり次世代基金の設置，(6)地震復興セミナーの開催，(7)防災産業都市構想フォーラムの設置の7項目である[12]。これら7項目のうち熊本県中小企業等グループ施設等復旧整備補助事業（グループ補助金）への応募は別稿に譲ることとし，本章では6項目について順に考察する。

1　被害等の調査

（1）会員企業の被害調査

　熊本県工業連合会が，熊本地震の発生後，直ちに実施したのが会員企業の被害調査であった。本調査は，人的被害，その他の被害，工業連合会への要望，復旧の状況等について，Eメール及び電話にて問い合わせるという形で，前震発生翌日の4月15日から5月2日にかけて行われ，62社から回答を得た[13]。

　人的被害は，回答企業62社のうち60社が被害なしと回答しており，残りの嘉

11）熊本県工業連合会の2016年度の事業活動については，熊本県工業連合会（2017）pp.4-12に掲載されている「平成28年度事業報告」を参考にした。

12）熊本県工業連合会（2017）pp.34-38の「復旧・復興への取り組みについて」参照。

13）会員企業の被害調査の方法は熊本県工業連合会（2017）p.34の「復旧・復興への取り組みについて　1被害等の調査」に，回答は熊本県工業連合会の資料に依る。なお，本資料には名称，発行日が付されていない。

第6章　熊本地震と熊本県工業連合会の復旧・復興支援活動

島町の1社は男性社員1名がバイクの転倒により全治3か月の負傷，女性社員1名が骨折，大津町の1社は社員1名が怪我と回答している。従って，人的被害は少なかったと言える。

　その他の被害については，前震発生の翌日の4月15日に回答した15社のうち，熊本市に本社を置く1社が「世安本社は被害なし，通常営業。大津事業所は操業停止，復帰の目処が立っていない」と回答，同じく熊本市に事業所を置く1社が「パソコン等が床に落下。熊本分室はクローズ」と回答しており，事業所の稼働停止に陥ったのはこの2社のみに留まっている。また熊本市，大津町，八代市に事業所を置く4社がそれぞれ「設備破損軽微」「重大な被害なし」「外壁の一部が剥がれた」「エアー配管のはずれ，部品の散乱，設備のズレ等，致命的なダメージはなし」と，被害を受けたものの，重大な被害ではなかったことを伝えている。残りの9社は事業所の被害「なし」と回答している。従って，前震発生段階では事業活動が停止する事態に陥った事業所の数も限られ，その他の被害を受けた事業所も重大な被害を受けるまでには至っていなかった。

　本震発生後，4月18日から5月2日までに回答した47社について見ると，震度7から6強を記録した益城町，西原村，菊池市，大津町，嘉島町，宇城市，熊本市に事業所を置く企業18社が「破損状況がひどく，再稼働未定」「クレーンが落下。機械設備を他の工場を借りて設置し，操業したい意向」「工場全体の鉄骨にゆがみ。鉄骨溶接部のボルト及び溶接部が一部破損。側壁一部落下。屋根から雨漏り。全ての工作機械が定位置から大きく移動。工作機械の傾き，レベルの異常，正常動作しない。工具棚等転倒。事務所等1階から3階まで側壁の隙間拡大，什器類の転倒破損など多数」「事務所内備品激しく散乱，損壊多数。入居ビルの被害が大きく，退去を決定」といったように事業所の稼働停止や移転を余儀なくされている。

　また，上天草市，八代市，長洲町など震央から離れた地域の企業12社が「建物の一部損壊」「一部加工機械に損傷」「工場内通路の天井部分の一部が落下，生産設備問題なし」「ダイス倉庫棚の一部が変形，影響は軽微」など事業所の一部に被害を受けたと回答している。残り17社は事業所の被害について「なし」という回答，あるいは何ら述べていない。

　ほかには，経営者や従業員の家屋の損壊が報告されている。

　以上のことから，地震の規模が大きかった本震の発生により，事業所の被害

が広がり，より厳しい状況に陥ったことが看取される。なお，特徴的なことは，事業所や従業員の家屋の被害に対して「3,000 m²の作業所があり，空いている。工場の場所が必要であれば紹介してください」「南工業団地に空き寮があるかも」といったように会員企業の中から情報提供が行われていることである。そこには熊本県工業連合会の20年余りの事業活動の中で会員企業の間に相互扶助の精神が醸成されてきたことが表れている。

　熊本県工業連合会に対する要望としては，「長期的な復興のための施策勉強会，説明会などを熊本県，熊本県中小企業団体中央会，商工会議所などと連携で企画してもらいたい」「行政の支援策を遅滞なく伝える。支援策を活用できるようなサポーターを行政から派遣するように要請」「HPに各社の被害状況がUPできないか（開示できる企業のみ）」「国に対して復興のための補償・助成を訴えてもらいたい。工場停止期間に対する社員の休業補償の条件緩和，被災者・被災工場に対し復興に要す損害・特別費用等の補償」「行政への手厚い支援のお願い」など，行政への復興支援や支援策の拡充，行政の支援策の周知徹底，被害状況の情報提供の要望が出されている。

　復旧状況については，「再稼働未定」から「建設会社の安全確認待ち」「一部業務は再開」「今週中一部ライン復旧。全面復旧は連休明け」「修復完了，生産稼働中」まで，被害状況の差異によって異なる回答が寄せられている。

　上記のような前震の翌日からの会員企業の被害調査の実施，その中に見出される会員企業の相互扶助の精神は地域に根付いた熊本県工業連合会ならではのことと言えよう。

（2）「平成28年度熊本県製造業被災状況アンケート」調査

　本震発生後1か月余り経過した5月20日から同月27日にかけて，熊本県工業連合会は，熊本県ものづくり工業会（旧熊本県金型・治工具工業会，1983年4月設立）と合同で「平成28年度熊本県製造業被災状況アンケート」調査を行なった。本調査は，熊本地震の影響による会員企業の被害状況，復旧の見通し及び復興に向けた施策のニーズ等を調査し，熊本県に要望するための資料作りを目的としたもので，Eメールにより実施された。調査対象企業数345社，回答企業数57社，回答率は16.5％であった[14]。

　回答企業の事業所の所在地は，熊本市19事業所，合志市6事業所，益城町5

第6章　熊本地震と熊本県工業連合会の復旧・復興支援活動

事業所，宇城市・菊池市各4事業所，菊陽町・大津町各3事業所などその大半が震度5強（本震の震度。以下，震度は本震の震度を表す。）以上の地域である。

　回答企業の従業員数は，30人未満13社，30〜100人未満26社，100〜300人未満10社，300〜500人未満4社，500〜1,000人未満2社，1,000人以上2社で，従業員数300人未満の中小企業が49社，86.0%と大部分を占めている。

　回答企業の主要取引先は，「熊本県内」34社，「熊本県外」32社という回答となっており，重複回答があるが，回答企業については，熊本県内を主要取引先とする企業と熊本県外を主要取引先とする企業がほぼ拮抗している。

　被害状況について回答結果（複数回答可）を見ると，「従業員に被害」17社，「従業員家族に被害」15社，「建物全壊」1社，「建物半壊」4社，「建物一部損壊」26社，「建物設備に被害」21社，「装置に被害」18社，「直接的被害なし」10社，「その他」9社という状況であり，直接的な被害がなかった企業は10社（17.5%）のみでしかない。「その他」9社のうち3社はそれぞれ「建物に一部被害はあったものの，社員並びに社員の家族に被害なし」「生産設備に甚大な被害があったが，1か月後の5月16日より通常稼働」「生産設備に一部補修が必要」と回答しており，建物や生産設備に被害を受けている。これらの企業を含めると，建物被害だけでも32社を数え，回答企業の大多数が建物・建物設備・装置の被害に遭っており，中には併せて従業員や従業員の家族の被害といった人的被害を受けた企業もある。また，建物・建物設備・装置の被害に遭った企業は，熊本市，益城町，西原村，宇城市，菊池市，大津町，菊陽町，合志市など震度7から6弱を記録した地域に集中している（表6-1）。

　震災後の休業の有無は，「休業を余儀なくされた」24社（42.1%），「休業せず継続」27社（47.4%），「その他」6社（10.5%）と，休業しなかった企業が休業した企業を3社ほど上回っている。しかし，「その他」6社のうち，1社は「休業はしていないが，工場設備復旧作業のため生産できず」，もう1社は

14）「平成28年度熊本県製造業被災状況アンケート」調査の目的，調査票，調査方法・期間，調査対象企業数，回答企業数，回答率及び回答については，熊本県工業連合会・熊本県ものづくり工業会作成の「平成28年度熊本県製造業被災状況アンケート」調査票2016年5月20日，同「平成28年度熊本県製造業被災状況アンケート集計結果」2016年及び熊本県工業連合会事務局長冨永好三氏からのヒアリングに依る。

表6-1　地域別建物等の被害状況（複数回答）

(単位：社)

	建物全壊	建物半壊	建物一部損壊	建物設備に被害	装置に被害	直接的被害なし	合　計
熊本市	0	2	9	7	6	2	26
益城町	0	0	3	1	1	0	5
西原村	0	0	1	1	0	0	2
宇城市	0	0	3	2	2	0	7
菊池市	0	0	1	3	1	0	5
大津町	0	1	2	3	3	0	9
菊陽町	0	0	2	1	2	0	5
合志市	0	0	1	1	0	0	2
その他	1	1	5	3	3	8	21
合　計	1	4	27	22	18	10	82

資料：熊本県工業連合会・熊本県ものづくり工業会「平成28年度熊本県製造業被災状況アンケート集計結果」
　　　(2016年) の「○地域別建物等の被害状況」に一部加筆して掲載。

「事務所，作業スペース，倉庫の片付けにかかった二日間休業」と回答してお
り，この2社を考慮すると，休業した企業と休業しなかった企業はほぼ同数と
見なすこともできよう。

　休業した企業の休業期間は，「1週間未満」17社，「1週間以上」3社，「2
週間以上」4社，「1か月以上」1社，「復旧のめどが立っていない」無しとい
う状況で，1か月以上の休業を見込んでいる1社を除くと，他の企業は1か月
以内には事業を再開している。

　被害額（今までに費やした費用を含む。）については，「100万円未満」9社，
「100〜300万円未満」8社，「300〜500万円未満」1社，「500〜1,000万円未満」
4社，「1,000〜3,000万円未満」9社，「3,000万円〜1億円未満」3社，「1〜
3億円未満」2社，「3億円以上」5社，「その他」16社という回答結果が出て
いる。「その他」16社の内訳は，無しが1社，不明・未確定が4社，非公開が
1社，記載無しが10社である。被害額を1,000万円未満と1,000万円以上とに大
別すると，1,000万円未満が22社，1,000万円以上が19社を数え，1,000万円未
満の企業が上回っている。もっとも，被害額1億円以上の企業が7社にも及ん
でいることは注目に値する。

　被害額を従業員規模別に見ると，従業員数300人未満の中小企業では「100万
円未満」9社，「100〜300万円未満」5社，「300〜500万円未満」1社，

142

第6章　熊本地震と熊本県工業連合会の復旧・復興支援活動

「500〜1,000万円未満」3社，「1,000〜3,000万円未満」8社，「3,000万円〜1億円未満」2社，「1〜3億円未満」2社，「3億円以上」3社，「その他」16社，従業員数300人以上の企業では「100〜300万円未満」3社，「500〜1,000万円未満」1社，「1,000〜3,000万円未満」1社，「3,000万円〜1億円未満」1社，「3億円以上」2社となっている。従業員数300人未満の中小企業の中でも，被害額1,000万円以上の企業にとっては，その被害額が今後の企業経営の重しとなるであろうし，とりわけ被害額が1億円を超える企業5社においては厳しい経営を迫られることは間違いない。

今後1年間の売上見込みに関しては，「震災前と同程度」24社，「震災前の80％程度」16社，「震災前の60％程度」6社，「震災前の40％程度」無し，「震災前の20％程度」1社，「それ以下」1社，無記入9社という回答となっている。今後1年間の売上を震災前と同程度と見込んでいる企業と，震災前より売上減少を見込む企業がともに24社（42.1％）と肩を並べている。今後1年間の売上を震災前と同程度と見込んでいる企業が24社，回答企業全体の4割余りに及んでいるのは，震災後休業しなかった企業が27社（47.4％），休業した企業でも「1週間未満」が17社（29.8％）を数えることに因るものと考えられる。

今後の企業活動の障害になりそうなもの（複数回答可）は，「施設設備復旧資金の不足」12社，「労働力の確保」8社，「取引先の確保」7社，「雇用の維持」「消費自粛」各5社，「運転資金の不足」4社，「事業用地の確保」「公的支援制度の情報不足」各3社，「二重ローン問題」1社，「上下水道の復旧遅延」「電力不足・節電問題」いずれも無し，「その他」11社という回答となっている。前述のように回答企業の大多数が建物・建物設備・装置の被害に遭っていること，回答企業のうち中小企業が49社（86.0％）と大半を占めていること，被害額1,000万円以上の企業が19社を数えることなどから，「施設設備復旧資金の不足」を挙げる企業が最も多い。さらに従業員や従業員の家族及び住宅が被害を受けていること，甚大な被害に見舞われた熊本県内を主要取引先とする企業が34社（59.6％）を占めていることも加わって，「労働力の確保」「雇用の維持」といった従業員に関わる事象，「取引先の確保」「消費自粛」のような売上に関わる問題が上位に並んでいる。

熊本県への要望（自由回答）については，表6-2のように，26社が回答を寄せている。最も多い要望は「建物及び装置復旧のための資金支援」「復興に

143

表 6-2　熊本県への要望

社	要望の具体的な内容
	建屋・設備・装置の復旧及び設備投資のための資金支援等
A	建物及び装置復旧のための資金支援。
B	建屋及び設備復旧のための助成金。
C	加工設備，建屋設備復旧のための資金支援。
D	建屋復旧のための資金支援。
E	建屋及び機械等の設備復旧に係る助成の検討。
F	建屋及び装置復旧の資金支援。助成金・補助金の手続き簡素化。設備復旧のための工事業者の確保。
G	建屋復旧の支援について，元の状態に戻すだけでなく，耐震を施した分への支援も認めていただきたい。
H	2階から1階へ移動して業務ができる体制となった。通信機能の復旧工事が賃貸ではあるが，経費は会社負担。2階から1階への事務機器運搬費用も会社負担で，このあたりの助成金制度も考慮してもらいたい。
I	復興に向けた設備投資の支援。
J	地震保険が住宅物件のみだったため，工場設備等の損壊分は全て自己負担になり大きな負担。
K	被災の大きい企業への資金援助。
	事業継続（資金繰り）のための資金支援
L	取引先が8月まで工場稼働できない状態で，今後痛手が大きくなってしまう。企業向けの公的資金を。
M	三菱軽自動車部品を製造。地震の影響に加えて燃費不正問題による生産停止部品もあり，収益悪化している。可能な資金支援を希望。
	従業員の雇用維持・住宅再建のための支援
N	4月19日から従業員の安全確保のため1週間休業としたので，雇用調整助成金を申請予定。
O	社員寮が倒壊懸念で使用することができず，賃貸に転居を余儀なくされている。撤去費用（または再建費用）及び賃貸物件に係る会社負担，社員寮に勤務していた寮母の雇用に関する支援措置の有無など，今後の見込みをご教示いただきたい。
P	社員の中には家が全壊した者がいる。資金援助や仮設住宅などで手厚い支援をお願いしたい。
	道路の早期復旧
Q	周辺道路及び高速道路（一部区間対面通行）の早期復旧。
R	復旧，復興には早期の道路整備が必要。
	復旧工事における県内業者・県産品の優先採用
S	今後の復旧工事に関して県内業者に優先的に発注してほしい。
T	地元の企業を使って公的予算を使って欲しい。
U	風評被害がないように，熊本企業復活のPR，熊本企業への発注促進をお願いしたい。
V	建設資材の県産品優先採用を。震災特需には県外業者の流入が激化して市場を混乱させる。
	その他
W	積極的な県外企業の誘致活動。
X	工場が阿蘇市にあり，企業として地域への復興支援を継続的に実施していく予定。次のステップに進むための規制緩和，地域創生を含めた復興支援をお願いしたい。
Y	他県の業者が大量に入ってきているため，値段が崩れてしまっているケースがある。
Z	役場から罹災証明の確認に来たが，建物内部の確認はなく，外からの確認のみだった。これで現状確認ができるのか。

注：表6-2～表6-5の社名は各社の回答を区別するために便宜的に付けたものであり，表6-2のA，表6-3のⒶ，表6-4の(A)，表6-5の〈A〉は同一の企業を表すものではない。

資料：熊本県工業連合会・熊本県ものづくり工業会「平成28年度熊本県製造業被災状況アンケート集計結果」（2016年）の「10　熊本県への要望」より筆者作成。

向けた設備投資の支援」といった建屋・設備・装置の復旧及び設備投資のための資金支援で，11社から同様の要望が寄せられている。この要望については併せて「助成金・補助金の手続き簡素化。設備復旧のための工事業者の確保」「元の状態に戻すだけでなく，耐震を施した分への支援も認めていただきたい」との要望を付加しているものもある。

　次いで多いのが「今後の復旧工事に関して県内業者に優先的に発注してほしい」「建設資材の県産品優先採用を。震災特需には県外業者の流入が激化して市場を混乱させる」という復旧工事における県内業者・県産品の優先採用の要望であり，４社が回答している。

　それらに続いて，従業員の雇用維持・住宅再建のための支援が３社から，道路の早期復旧が２社から挙がっている。そのほかには県外企業の積極的な誘致，規制緩和，地方創生を含めた復興支援などの要望が寄せられている。

　建物・建物設備・装置が被害に遭った企業が多いだけに，建屋・設備・装置の復旧及び設備投資への資金支援の要望が抜きん出ている。

　熊本県工業連合会と熊本県ものづくり工業会が2016年５月に実施した「平成28年度熊本県製造業被災状況アンケート」調査の結果を見てきた。本調査は10項目という限られた質問項目ではあるが，製造業企業における熊本地震の被害状況と要望について基本的事項を捉えた貴重な調査である。とはいえ，回答率が16.5％に過ぎなかったことは残念なところである。

（３）「誘致企業との取引に関するアンケート調査」

　前記２つの調査に引き続いて，熊本県工業連合会は，熊本地震の発生によって会員企業と誘致企業との取引関係に生じた変化を把握するために，2016年８月に「誘致企業との取引に関するアンケート調査」を実施した。本調査の調査期間は2016年８月３日から同月10日まで，調査対象は工業連合会グループで熊本県中小企業等グループ施設等復旧整備補助金（グループ補助金）を申請した企業108社，調査方法はＥメールを利用した調査方法である。回答企業数は43社，回答率は39.8％である。質問項目とその回答は次の通りである[15]。

　まず，熊本県内の誘致企業との取引関係の有無については，「ある」が27社（62.8％），「ない」が16社（37.2％）で，回答企業の６割余りが県内の誘致企業と取引関係を有している。

表6-3　誘致企業との取引減少の影響

社	影響の内容
Ⓐ	売上減少。
Ⓑ	年間売上が20％減少。
Ⓒ	今期計画していた販売額にマイナス影響している。
Ⓓ	売上見込みの減少により，今期の業績が著しく低下した。
Ⓔ	ガスの出荷量が減少。
Ⓕ	誘致企業の増産計画が白紙撤回となり，受注が減少した。
Ⓖ	誘致企業の製造部門撤退により受注量が減少した。
Ⓗ	売上の減少と，人員の異動や休業補償手当の支払いによる利益率の低下。
Ⓘ	売上減少により収益計画未達，余剰要員が発生し雇用確保のため休業を実施。
Ⓙ	社員の配置転換。
Ⓚ	設備投資が中止となった。
Ⓛ	外注加工または材料の仕入れ遅延による納期の遅れ。
Ⓜ	取引の一時減少に伴う熊本県外の外注先との取引の増加。

資料：熊本県工業連合会『誘致企業との取引に関するアンケート調査集計結果』（2016年 8 月）
　　　pp. 1 - 2 の「③誘致企業との取引減少の影響」より筆者作成。

　県内の誘致企業と取引関係が「ある」と回答した27社に関して，今回の地震により誘致企業との取引が減少したかについては，「減少した」15社（55.6％），「減少しなかった」11社（40.7％），無回答 1 社（3.7％）という回答結果が出ており，「減少した」企業が県内の誘致企業と取引関係を有する企業の過半数を占めている。

　また，減少の割合は震災前に比較してどのくらいであったかについては（業種別回答のため重複回答企業がある。），「 0 ～10％」 6 社，「11～20％」 7 社，「21～30％」 5 社，「31～40％」 1 社，「41～50％」 3 社，「51％以上」 1 社となっており，減少率30％以下の企業が多いが，中には41％以上という大幅な減少をきたした企業もある。

　誘致企業との取引が減少したことによる影響（自由回答）に関しては，13社が表6-3のように回答している。最も多い回答は受注量の減少に伴う売上高の減少で， 9 社がこれを挙げている。この中には，売上高の減少に「余剰要員

---

15)「誘致企業との取引に関するアンケート調査」の目的，調査票，調査方法・期間，調査
　　対象企業数，回答企業数，回答率及び回答については，熊本県工業連合会作成の「誘致企
　　業との取引に関するアンケート調査」の調査票2016年 8 月 3 日，同『誘致企業との取引に
　　関するアンケート調査集計結果』2016年 8 月に依る。

が発生し雇用確保のため休業を実施」「人員の異動や休業補償手当の支払いによる利益率の低下」を加えている企業もある。そのほかに，4社がそれぞれ社員の配置転換，設備投資の中止，「外注加工または材料の仕入れ遅延による納期の遅れ」「取引の一時減少に伴う熊本県外の外注先との取引の増加」といった影響を記載している。

県内の誘致企業と取引関係が「ある」と回答した企業27社に対して，前記の減少分について取引先の誘致企業が県外他社に発注を変えたと思っているかと尋ねた質問に，「思っている」5社（18.5%），「思っていない」15社（55.6%），無回答7社（25.9%）というように，「思っていない」企業が「思っている」企業の3倍にものぼっている。

同じ27社に対する，今回の地震を受けて，取引先の誘致企業から今後の発注見通し等について説明があったかという質問に，「あった」21社（77.8%），「なかった」3社（11.1%），無回答3社（11.1%）と，説明が「あった」という企業が8割近くを占めている。この回答結果から，県内の誘致企業の多くが，取引関係を有する地元企業に対して今後の発注見通し等について説明を行なっていることを窺い知ることができる。

雇用の状況については，「雇用を増やしていきたい」38社（88.4%），「雇用を減らしていきたい」無し，「現状維持」3社（7.0%），無回答2社（4.7%）と「雇用を増やしていきたい」企業が9割近くに達している。

また，雇用についての課題（自由回答）として，22社から表6-4のような回答が寄せられている。本表に示すように，「募集をかけてもなかなか集まらない」「希望する人材が集まらない」といった人手・人材の不足・確保難を挙げる企業が22社のうち20社を占め，圧倒的に多い。その中には「人材の不足，賃金の高騰」といったように，人手・人材の不足・確保難に併せて賃金の上昇や若者の定着率の低さ，若年者に対する教育，企業認知度の向上などを加えている企業もある。

残りの2社のうち，1社は「売上減少を取り戻すため人員の確保が必要であるが，現状は，生産設備の復旧が最優先の課題」，もう1社は「地域の中小製造業に対する認知度が低い」ことを課題としている。

ここでは，雇用を増やしていきたいが，募集をかけてもなかなか人手・人材が集まらないという地域企業のジレンマを見出すことができる。

表6-4 雇用についての課題

社	課題の内容
	人手・人材の不足・確保難等
(A)	募集をかけてもなかなか集まらない。
(B)	募集はかけるが，なかなか集まらない。
(C)	応募者の絶対数が足りない。県外からの雇用も考えているが，現状では希望者が少ないのではないか。
(D)	新卒の応募者がなかなか来ない。
(E)	新規採用について，なかなか人員を充足できない。
(F)	社内の工員が高齢化，人手不足に伴う若者の定着率の低さ。
(G)	県内外を問わず意欲ある若手に志望してもらうこと。
(H)	季節による生産変動，負荷高騰により外部からの派遣要員が必要であるが，誘致企業や取引関係も状況は同じであるため，派遣要員の確保が困難。
(I)	希望する人材が集まらない。
(J)	人材の不足，賃金の高騰。
(K)	技術者の人手不足，若者の労働者が少ない。
(L)	地域，場所による必要人材の発見が難しい。中心地に集まってしまっている。
(M)	有能な人材の県外流出，企業認知度の向上。
(N)	即戦力の確保，若年者に対する教育の充実。
(O)	職種として熟練が必要な技術職であるためか，若い人で希望する人が少ない。
(P)	成形技術者の不足，最低賃金の上昇による人件費増。
(Q)	県内の建築施工管理職を希望する新卒者または経験者の不足。
(R)	中途採用についてはマッチングする人材が少ない（特にシステム運用・開発，機械設計等）。
(S)	溶接加工や板金加工といった技術職の育成に時間がかかるので，今後は経験者の雇用を増やしたい。
(T)	震災からの復興のため新規分野の開拓取組みを行う予定であるが，人材確保が難しい。
	その他
(U)	売上減少を取り戻すため人員の確保が必要であるが，現状は，生産設備の復旧が最優先の課題。
(V)	地域の中小製造業に対する認知度が低い。

資料：熊本県工業連合会『誘致企業との取引に関するアンケート調査集計結果』（2016年8月）pp. 2-3の「7雇用についての課題」より筆者作成。

　本調査の最後の質問である，グループ補助金以外に必要な行政支援（自由回答）に関しては，表6-5のように13社から多様な要望が提示されている。具体的には「専門的かつ優秀な人材確保に関して補助制度や紹介支援など」「雇用しても十分教育することが難しい。費用及び人員的にも苦労している」といった人材確保や従業員の教育訓練のための支援が3社から挙がっている。次いで「税金の減免措置」「誘致企業の本社が熊本工場での生産比率を落とさないよう税制面での支援」という税制上の措置と，「大企業の生産活動は，地場中小企業への影響が直結するため，規模縮小や取引減少などの影響が広がらない

第6章　熊本地震と熊本県工業連合会の復旧・復興支援活動

表6-5　グループ補助金以外に必要な行政支援

社	行政支援の内容
	人材確保や従業員の教育訓練のための支援
〈A〉	専門的かつ優秀な人材確保に関して補助制度や紹介支援など。
〈B〉	人材の斡旋やトライアル雇用などを支援してもらう制度の拡充。
〈C〉	雇用しても十分教育することが難しい。費用及び人員的にも苦労している。
	税制上の支援措置
〈D〉	税金の減免措置。
〈E〉	誘致企業の本社が熊本工場での生産比率を落とさないよう税制面での支援。
	大手企業との取引減少抑制策
〈F〉	大企業の生産活動は，地場中小企業への影響が直結するため，規模縮小や取引減少などの影響が広がらないような支援政策を期待。
〈G〉	誘致企業以外でも県外の大手企業からの発注の減少が見られるため，行政の支援必要。
	その他
〈H〉	設備復旧に必要な借入金のゼロ金利の検討。
〈I〉	地震で機能しなくなった公共インフラの代替設備を企業の投資で取得した場合も災害復旧であるので補助の対象として欲しい。
〈J〉	新分野への支援が必要。
〈K〉	新たな企業誘致活動の強化。
〈L〉	工場の拡張（土地の転用を含む）など投資を円滑にするために手続きが簡素化できる支援があれば知りたい。
〈M〉	被災企業はグループ補助金の利用で部分的に最新設備に更新できるが，直接的に被害が無かった企業は古い設備のまま事業活動を強いられることになり，不利となる。

資料：熊本県工業連合会『誘致企業との取引に関するアンケート調査集計結果』（2016年8月）pp. 3-4の「8　グループ補助金以外に必要な行政の支援」より筆者作成。

ような支援政策を期待」「誘致企業以外でも県外の大手企業からの発注の減少が見られるため，行政の支援必要」という大手企業との取引減少抑制策がそれぞれ2社から要望されている。そのほかには，金融上の支援措置，補助対象の拡大，新分野への支援，企業誘致の強化等の行政措置が求められている。

　本調査は，熊本地震発生後4か月近くを経過した時期に行われた調査であり，本調査の結果を通して地震発生前後の県内誘致企業と地元企業との取引関係の変化，それによる地元企業への影響，取引先の誘致企業からの今後の発注見通し等の説明の有無といった誘致企業と地元企業との取引に関する当時の状況を把握することができるのみならず，雇用の状況及び雇用についての課題，必要な行政の支援についても汲み取ることができる有意義な調査である。

　熊本県工業連合会が熊本地震発生後に実施した被害状況等の調査を見てきた。

149

いずれも時宜を得た調査であり，これらの調査結果は，その後の要望活動や本連合会の復旧・復興への取り組みに活かされている。

2 要望活動

（1）県内経済5団体による中小企業庁長官，熊本県知事等に対する緊急要望書の提出

　熊本地震発生後早々に，熊本県工業連合会，熊本県商工会議所連合会，熊本県商工会連合会，熊本県中小企業団体中央会，熊本県経営者協会の県内経済5団体が連携して中小企業庁長官，熊本県知事，熊本県議会議長等に対する要望書『平成28年熊本地震に伴う緊急要望』を作成し，中小企業庁長官が熊本県を訪問した2016年5月12日に提出した。その要望は次の6項目から成っている。

1．特別法の制定等による復旧・復興対策の十分かつ柔軟な予算措置
2．社会基盤の早期復旧に対する十分な予算措置
3．観光資源，観光地等の早期完全復興支援並びに風評被害防止対策の徹底
4．早期の事業再開，円滑な復旧・復興に向けた補助金，助成金制度の適用・創設並びに既存制度に対する対象経費の十分かつ柔軟な運用
5．被災事業者等に対する金融・税制対策の強化
6．雇用の維持，安定化を図るための柔軟な予算措置の執行

　また，「4．早期の事業再開，円滑な復旧・復興に向けた補助金，助成金制度の適用・創設並びに既存制度に対する対象経費の十分かつ柔軟な運用」では，

(1)被災企業の早期の事業再開に不可欠となる①事業所の建替え・補修・移転費用，②仮設事務所・店舗・工場等の設置，③機械設備の復旧・補修・更新にかかる設備投資，④商品・材料の仕入等の運転資金に対し，『中小企業等グループ施設等復旧整備補助金（グループ補助金)』などの適用・創設をはじめとする十分な予算措置を講じられたい。

(2)既存の『ものづくり補助金』，『小規模事業者持続化補助金』，『高度化資金』等においては，熊本県の特別枠を設けるなど採択数の配慮，上記(1)①～④の費用にかかる柔軟な執行対応，上限額の拡大，手続きの簡素化の措置を講じられたい。

(3)各種補助金の申請，相談に際して，速やかな申請・手続きが行えるよう十分な人材（マンパワー）の確保，支援強化を講じられたい。

第6章　熊本地震と熊本県工業連合会の復旧・復興支援活動

(4)地域経済の中核的な役割を担う経済団体が，復興に向けた事業を円滑に
　実施できるよう，施設・設備の早期復旧に係る補助金制度の創設など，
　特別な財政支援を講じられたい」[16]

という4つの事項を取り上げている。

　この『緊急要望』は広範囲にわたっており，すべてを紹介することはできな
いが，熊本県工業連合会の被災企業にとっては，早期の事業再開，復旧・復興
に向けた十分かつ柔軟な予算措置，補助金・助成制度の適用・創設，金融・税
制対策の強化など緊要な措置を盛り込んだ内容となっている。

　この間，政府は，熊本地震による災害について，2016年4月26日に，激甚災
害に対処するための特別の財政援助等に関する法律（激甚災害法，昭和37年法
律第150号）に基づき激甚災害に，5月2日に，特定非常災害の被害者の権利
利益の保全等を図るための特別措置に関する法律（特定非常災害特別措置法，
平成8年法律第85号）に基づき特定非常災害に指定した。続いて5月13日には，
熊本地震による災害を，大規模災害からの復興に関する法律（平成25年法律第
55号）に基づいて非常災害として指定した。さらに同じ5月13日には「被災者
支援に要する経費」（約780億円）と「熊本地震復旧等予備費」（約7,000億円）
を内容とする平成28年度補正予算案（約7,780億円）を閣議決定し，本補正予
算は5月17日に国会の議決を経て成立した[17]。

　経済産業省では，「熊本地震復旧等予備費」を活用して，熊本地震の災害か
らの復旧・事業再建を目指す中小企業者に向けて，施設の復旧支援を新たに設
けるとともに，資金繰り支援の拡充等の中小企業対策を実施することとし，
2016年5月31日に『経済産業省関係　平成28年度熊本地震復旧等予備費の概要
について』を公表した。具体的には被災中小企業対策として，(1)中小企業・小
規模事業者の資金繰り支援に200億円，(2)小規模事業者経営改善資金融資事業
（マル経融資）に1.8億円，(3)中小企業等グループ施設等復旧整備補助事業（グ
ループ補助金）に400億円，(4)中小企業組合共同施設等復旧事業に11.9億円，
(5)商店街震災復旧等事業に11億円，(6)被災地域石油製品販売業早期復旧支援事
業に2.5億円，(7)小規模事業者持続化補助金に25億円，(8)中小企業・小規模事

16）熊本県商工会議所連合会・熊本県商工会連合会・熊本県中小企業団体中央会・熊本県経
　営者協会・一般社団法人熊本県工業連合会（2016）p.2。
17）前掲注4）参照。

151

業者等ワンストップ総合支援事業に2.8億円，総額655億円を支出することにした——これらの事業の取り扱いは6月1日から開始された——。

　同じ5月31日には，中小企業庁経営支援部長が熊本県を訪問し，熊本県副知事，県内経済5団体及び熊本県商店街振興組合連合会に「熊本地震復旧等予備費」を説明するとともに，意見交換会が開催され，その場において熊本県工業連合会を始めとする県内経済5団体は改めて『平成28年熊本地震に伴う緊急要望』に即した要望を行なった[18]。

　先の「平成28年度熊本県製造業被災状況アンケート」調査の結果に見るように，被災地域の製造業企業においては数多くの企業が建物・建物設備・装置等の被害に遭っており，それらの復旧への資金支援の要望が多かっただけに，「熊本地震復旧等予備費」による中小企業等グループ施設等復旧整備補助事業（グループ補助金）の適用は被災地域の製造業企業にとって，また熊本県工業連合会にとっても何よりの朗報であった。

（2）熊本県ものづくり工業会との連名による熊本県知事に対する『ものづくり企業の熊本地震からの創造的復興に対する要望書』の提出

　熊本県工業連合会は，被災企業の復旧作業が継続する一方，風評被害による仕事の県外流出が懸念される中で，2016年8月5日に熊本県ものづくり工業会と連名で熊本県知事に対して『ものづくり企業の熊本地震からの創造的復興に対する要望書』を提出した。本要望書では次の6項目を挙げている。

1．長期的かつ継続的に活用できる補助金制度
2．復旧作業の価格適正化
3．県内ものづくり企業への優先発注・仕事創出
4．震災に負けない，元気なものづくり熊本のアピール
5．被災による品質低下払拭の保証対策
6．大企業の流出抑制と新規誘致企業の勧誘

　これらの6項目の要望は，熊本県工業連合会の会員企業が復旧・復興に向けて求めているものであり，同時に熊本県工業連合会が掲げるキャッチフレーズ「創造的復興～前進するものづくり熊本」に沿った内容であった。

18）内閣府非常災害対策本部（2017a）及び熊本県工業連合会（2017）p.34参照。

第6章　熊本地震と熊本県工業連合会の復旧・復興支援活動

　これらの要望のうち，1，3，4，6の要望は，熊本県が熊本地震からの復旧・復興の道筋と熊本が目指す将来像を示し，一日も早い被災者の生活再建と被災地の創造的復興を図るため，2016年8月に策定，同年10月及び12月に改訂された『平成28年熊本地震からの復旧・復興プラン』に反映されている。

　例えば，本プランの「第3章復旧・復興に向けた取組み　1 痛みの最小化を目指した早急な対応（主に平成28年度の取組み）（3）地域産業の再生（ク）地域企業の再生」の中で，①中小・小規模企業の経営再建のため，グループ補助金等を活用した中小企業等の施設・設備の復旧等の支援，金融支援，県産品の販路確保・開拓支援，産業政策と一体となった雇用創造，県内企業への発注の推進等を行うとともに，②産業技術の高度化，③サプライチェーンの回復及び企業誘致を推進していくことを，また同章「2 新たな熊本の創造に向けた取組み（概ね4年間の取組み，その後の取組み）（3）次代を担う力強い地域産業の創造～地域の活力と雇用を再生する～　施策8　県経済を支える企業の再生・発展」の中で，概ね4年間の取組みとして，①地域に根差す中小・小規模企業の事業再建と経営力強化，②県経済をけん引する中小企業の育成支援，③新たな誘致戦略の推進，④ IoT 活用型ものづくりなど産業技術の高度化を掲げている[19]。

　同年12月に熊本県が，前記の『平成28年熊本地震からの復旧・復興プラン』の「概ね4年間の取組み」を包含し，かつ 2015年10月に策定した『熊本県まち・ひと・しごと創生総合戦略』と一本化し，2019年度までの県政の基本方針として策定した『熊本復旧・復興4カ年戦略』においても，「第4章『夢にあふれる新たな熊本の創造』に向けた取組み」の「3　次代を担う力強い地域産業の創造～地域の活力と雇用を再生する～」の中で「施策8　県経済を支える企業の再生・発展」のための具体的施策として，前記『復旧・復興プラン』の中で概ね4年間の取組みとして掲げた4つの施策がそのまま掲載されており[20]，熊本県工業連合会の6項目の要望のうち4項目が反映される形となっている。

19）熊本県（2016a）pp.45-47，pp.78-79。
20）熊本県（2016b）pp.58-61。

153

（3）第29回ナショナル・レジリエンス（防災・減災）懇談会における田中稔
　　彦熊本県工業連合会副会長の意見発表

　ナショナル・レジリエンス（防災・減災）懇談会は，国土強靱化担当大臣の
下に「国民の生命と財産を守り抜くため，事前防災・減災の考え方に基づき，
強くてしなやかな国をつくるためのレジリエンス（強靱化）に関する総合的な
施策の推進の在り方について意見を聴くことを目的として」[21]開催する懇談会
で，2013年３月からスタートしている。

　熊本地震の発生による甚大な被害を受けて，2016年９月30日の第28回懇談会
から2017年１月10日の第30回懇談会までの３回の懇談会において，熊本地震を
踏まえた国土強靱化関係施策の検討についての報告や民間の取組促進に向けた
好事例・課題についての意見交換などが行われている。

　2016年11月９日に東京都内で開催された第29回懇談会に，田中稔彦熊本県工
業連合会副会長（金剛株式会社代表取締役社長）が出席し，民間の取組促進に
向けた好事例・課題についての意見交換の場において「ものづくり中小企業の
被害実態と教訓」と題する意見発表を行い[22]，同社の被災状況と復興計画概要，
被災からの教訓について述べるとともに，熊本県工業連合会会員企業の課題と
して

「１．企業によっては人材や情報の不足から対応が弱い。
　　　また，サプライチェーンの確保に窮する状況も見受けられた。
　２．工業団地など，共通施設（道路，水路等）の被害は補助金対象外のた
　　　め復旧が困難。
　３．人手不足がさらにひっ迫。
　４．事業継続をあきらめる経営者も出てくる気配」[23]

という４つの点を挙げている。

　以上，熊本県工業連合会の要望活動を３項目に絞って論じてきたが，いずれ
も本連合会が熊本地震発生後に実施してきた調査の結果や会員企業の要望を取
り込んだものであり，それらの要望は熊本地震の被災企業に対する国・県等の

21）「ナショナル・レジリエンス（防災・減災）懇談会の開催について」2013年２月22日内
　　閣官房長官決裁，2014年９月26日一部改正。
22）内閣官房（2016）参照。
23）田中稔彦（2016）p.15。

154

第 6 章　熊本地震と熊本県工業連合会の復旧・復興支援活動

行政機関の対応・施策にかなりの程度反映されている。

3　経済産業省主催の「工業団地のリデザインによる地域企業の活性化研究会」への参加

　経済産業省主催の「工業団地のリデザインによる地域企業の活性化研究会」は「震災後に創造的復興の気運が高まっている熊本県において，新しい時代の工業団地のあり方を検討し，工業団地が地域における創業・新事業創出の拠点として機能できるような工業団地再生モデルを提案することを目的として」[24]開催された研究会であり，「研究会で得られた結論については，復興プランや新政策・予算等へ反映させるべく働きかけを行う」[25]ものとされた。

　本研究会のメンバーは，経済産業省（本省，中小企業庁），熊本県（商工観光労働部企業立地課，産業支援課，商工振興金融課），独立行政法人中小企業基盤整備機構（東京本部，九州本部）のほか，熊本県内の団体，企業，研究機関の代表者 6 名で構成され，熊本県工業連合会からは足立國功代表理事会長（当時，現相談役），松本修一副幹事長（当時，現副会長，株式会社プレシード代表取締役社長），岩永幹郎団体会員代表者（熊本県工業団地連絡協議会会長）の 3 名が参加した[26]。

　本研究会は2016年に熊本市内において 3 回開催され，7 月11日開催の第 1 回研究会では問題提起及び論点整理，7 月26日開催の第 2 回研究会では個別論点の討議及び取りまとめ方向性の検討，8 月 8 日の第 3 回研究会では本研究会の取りまとめが行われた[27]。

　第 1 回研究会において松本修一熊本県工業連合会副幹事長が「工業団地リデザイン構想　一中小企業経営者の工業団地リデザイン構想私案メモ」と題して問題提起を行った。その中で「この機会を工業団地活性化促進の好機と捉え，工業団地を“激変するモノづくり環境をリードできる集団”への『創造的復興』を図りたい」[28]と考え，「目指す10年後の目指す姿（案）」として「工業団

24）九州経済産業局（2016a）。

25）同前。

26）同前。

27）同前。

28）松本修一（2016）p.1。

155

地をベンチャー企業などが創業または転入し，モノづくり開発交流ができ，単独あるいは連携してグローバル展開できる活性化した産業解放区へ」[29]変身させることを提案している。

第2回研究会では「熊本地震により被災した工業団地」をモデルとしたリデザインを中心に検討することを確認したうえで，1.「創業・新事業創出」「地域内外の連携拠点」「人材育成・情報発信」を担う工業団地，2.工業団地のマネジメント方式について討議され，合わせて取りまとめの方向性が検討された[30]。

第3回研究会においては第2回の取りまとめの方向性の検討を通して次のような「取りまとめ」を行なった。

まず1.被災した工業団地の現状と課題を整理し，2.10年後を見据え，工業団地のリデザインにより真に「実現したいこと」は地域発イノベーション・新事業創出であると結論づけている。

それを踏まえて，3.リデザインに必要な事項は，連携機能（交流・連携の拠点整備等），支援機能（支援人材，インキュベーション施設等の整備），人材の確保・育成（地域の潜在労働力活用，研修・勉強会の開催等），インフラ整備（高度な通信インフラ整備，道路等産業インフラの維持・整備等）であるとしている。そして，それらの具体化に向けて，地域で具体的に取り組みたいこと（ニーズ）は，各企業の強み，課題，戦略を踏まえた，個別案件組成，有望分野を設定しての研究会・交流事業等であり，行政・支援機関が取り組むべきことは，地域の産業集積の再活性化に必要な具体的支援ニーズの把握・支援，新規施策化であると説いている。

4.当面のアクションプランとしては，10年後のリデザインを見据え，地域においては具体的なニーズや関係者の合意を踏まえたプラン作成に着手し，行政・支援機関においては，具体的な支援ニーズを把握し，新政策につなげることを掲げている[31]（表6-6）。

なお，松本修一熊本県工業連合会副幹事長は，自らが経営する株式会社プレ

29）同前，p.2。

30）「工業団地のリデザインによる地域企業の活性化研究会」の第1回，第2回での主な議論については，九州経済産業局（2016b）pp.1-2に掲載されている。

31）同前，pp.3-5。

第6章　熊本地震と熊本県工業連合会の復旧・復興支援活動

表6-6　当面のアクションプラン

地域企業（工業団地）	行政・支援機関
工業団地内企業の合意形成，ビジョンづくり 　**（具体的なニーズ，実現方策等）** 　下記のプロセスとも連動して推進。 **地域の他の工業団地との協議** 　熊本県中央会，熊本工業団地連絡協議会との連携可能性を検討。 **工業団地外の企業との意見交換** 　熊本県工業連合会の協力可能性を検討。 **自治体との意見交換・相談** 　創造的復興の中で地域を支える産業集積のあり方についての意見交換等。 　共有資産（道路，上下水等）の公共化について，必要に応じ，市町村に相談（要件確認，納税・雇用の状況等調査等を含む）。	**地域の合意形成・ビジョンづくりへの支援** 　組合内での勉強会，検討会等へ支援人材派遣の可能性を検討。必要に応じ参加。 **既存施策による支援** 　上記で判明した施策ニーズに対応。 　例）技術力，知財，事業承継，雇用・人材， 　　　海外展開支援等 **地域の産業集積の実態に係る調査** 　工業団地（組合運営）の状況（共有部分の管理形態，空き屋の状況，他地域での事例等）を含む地域の産業集積の実態を把握。施策検討。 **新政策提言** 　上記で判明した施策ニーズについて，新政策プロセス等に打ち込み。 ※「モデル耐震工業団地」については，熊本県と九州経済産業局で今後詰めていく。

資料：九州経済産業局『第3回工業団地のリデザインによる地域企業の活性化研究会（とりまとめ検討資料）』2016年8月8日，p.5。

シードの本社・本社工場及び嘉島事業所が所在する熊本南工業団地（熊本県上益城郡嘉島町）内の企業が自社を含め大きな被害に遭ったばかりでなく，共用部分である道路の擁壁崩落・隆起，水道施設の破損に見舞われたことから，第1回の研究会において「熊本南工業団地を全国のモデル的にリデザイン」[32]することを提案している。

4　ものづくり次世代基金の設置

　熊本地震発生後，熊本県工業連合会には，ものづくり産業の復興のため，8つの団体・企業から義援金・見舞金が届けられた。その8つの団体・企業とは，佐賀県工業連合会，長崎県工業連合会，公益社団法人兵庫工業会，一般社団法人みやぎ工業会，秋田県電子工業振興協議会，全国鋼管製造協同組合連合会，天草池田電機株式会社，株式会社日刊工業新聞社である。受領送金額は合計796万3,936円に上った。本連合会の理事会・委員会において，これらの義援

32）同前，p.1。

157

金・見舞金の使途について検討が重ねられ，これらの義援金・見舞金をもとに「ものづくり次世代基金」として，下記の事業に充てることにした。

①新たなビジネス創出のための研究開発に関する事業

②産業人材育成及び雇用の拡大・維持に関する事業

③産学官連携に関する事業

④次世代を担う若者が参加するものづくりに関する事業

ものづくり次世代基金の設置は，2017年5月15日に開催された第7回定時社員総会において「平成28年度事業報告」として承認された。併せてものづくり次世代基金の活用を含んだ「平成29年度事業計画（案）」が同総会にて決議された。これにより，ものづくり次世代基金については，2017年度から広く活動の募集を行い，基金活用委員会（仮称）の選定を踏まえ，前掲の事業に沿った活動に活用することとなった[33]。

ものづくり次世代基金をいかに有効に活用し成果を挙げるかは，8つの団体・企業からの厚志に添うという意味で，本連合会にとって今後の有意な課題の1つとなるであろう。

5　地震復興セミナーの開催

熊本県工業連合会では，熊本地震からの県工業・ものづくり企業の復興のために，2016年度に省エネルギー，事業継続計画（BCP）の策定，戦略構築等のテーマについて3回の地震復興セミナーを開催した[34]。

第1回は「経営に寄与する省エネルギーと強いものづくり～防災・減災産業づくりを目指して～」と題するセミナーである。パナソニックエコソリューションズ創研株式会社所属のコンサルタントである箕浦秀樹氏を講師に招き，2016年10月7日にメルパルク熊本にて22名の参加者を得て開催された。箕浦氏は本テーマのもと，強い経営体質を目指すためには，生産に係るムダを排除し，効率的なものづくりが必要であるとし，エネルギーの使い方を中心に製造全般に渡って，見える化・連携制御・MOST応用・MFCA・動線分析等のツール

33）ものづくり次世代基金の設置については，熊本県工業連合会（2017）p.6, p.23, pp. 35-36をもとに書き表した。

34）地震復興セミナーの各テーマ，講師，開催日，開催場所，参加者等については，熊本県工業連合会（2017）p.36を参照した。

第6章　熊本地震と熊本県工業連合会の復旧・復興支援活動

やノウハウについて，数多くの事例を交えながら解説した[35]。その後，参加者
と質疑応答が行われた。

　第2回は「電力インフラへの対応とBCP策定の効果」と題するセミナーで
ある。くまもとエネルギービジネス推進協議会との共催事業として，2016年11
月2日にKKRホテル熊本において2名の講師を迎え開催された。最初に九州
電力株式会社熊本電力センター小杉成史課長が「熊本地震による電力設備被害
とその対応」というテーマで，次いで天草池田電機株式会社池田博文常務取締
役が「事業継続計画（BCP）策定取組みと熊本地震での効用」というテーマで
講演を行い，その後25名の参加者との間で質疑応答を交わした。

　第3回は「1日速習　戦略構築＆実践研修」と題するセミナーである。2017
年2月15日にパレア熊本に講師としてパナソニックエコソリューションズ創研
株式会社岡村武司上席コンサルタントを招請し開催された。岡村上席コンサル
タントのもと，16名の参加者が同日午前10時から午後5時まで戦略構築とその
実践についてレクチャーを受けた。

　これら3回にわたる地震復興セミナーは，講師と参加者とのインタラクティ
ブなコミュニケーションを有していたが故に，参加者に地震からの復興へのイ
ンセンティブを与えるものであった。

6　防災産業都市構想フォーラムの設置

　熊本県工業連合会では，本連合会が今後取り組む復興事業の柱を「防災・減
災産業づくり」とし，その推進母体として，防災産業都市構想フォーラムを
2017年2月2日に設置し，その企画委員会の委員長に今村徹熊本県産業技術セ
ンター所長を選任した[36]。

　防災産業都市構想フォーラムは，中核組織として企画委員会を置き，熊本県
工業連合会に所属する各種の研究会と，本連合会が熊本県から委託を受けて運

35）熊本県工業連合会のFacebook「★セミナーのご案内★　10/7（金）15：00〜17：00
　メルパルクにて　『経営に寄与する省エネルギーと強いものづくり〜防災・減災産業づく
　りを目指して〜』講師　箕浦秀樹氏　パナソニックエコソリューションズ創研株式会社コ
　ンサルタント」2016年10月4日掲載（https://ja-jp.facebook.com/kenkouren/，2017年11月
　28日アクセス）参照。
36）防災産業都市構想フォーラムについては，熊本県工業連合会（2017）p.6，p.23，pp.
　36-38を参考に書き表した。

159

営しているセミコンフォレスト推進会議を本フォーラムの下で一元化するとともに，熊本 IoT 推進ラボ，くまもと技術革新・融合研究会（RIST），一般社団法人熊本県情報サービス産業協会（KISIA）と連携し情報提供を受け，また国立研究開発法人防災科学技術研究所（NIED）気象災害軽減イノベーションセンターイノベーションハブ熊本サテライトの協力・提言を得て，(1)研究所，先進企業などの見学，(2)シーズ・ニーズ調査活動，(3)FS 活動を行い，「復興ビジネスの創造」＝「防災・減災産業づくり」と「地産地防」を進めるというものであった。

　熊本県工業連合会では，既述の通り2016年度に，この防災産業都市構想フォーラムの設置を行った。2017年 5 月15日開催の第 7 回定時社員総会では，「平成29年度事業計画（案）」において防災産業都市構想フォーラムの運営について「防災科学技術研究所等との連携を図りながら，BCP 構築支援，防災に関する会員企業のシーズ・ニーズの調査，FS 調査の実施，研究所等の視察等を行い，防災・減災産業づくりの促進を図る」[37]ことが提案され，決議された。

　ところで，2017年 8 月31日に開催された第 1 回くまもと防災ビジネス研究会企画委員会において，防災産業都市構想フォーラムはくまもと防災ビジネス研究会に変更された。くまもと防災ビジネス研究会への変更は，前日の 8 月30日開催のキックオフ会議の検討結果を踏まえて行われたもので，この変更に合わせて進め方等にも変更が加えられた。くまもと防災ビジネス研究会は，産学官で構成される企画委員会を編成し，今村徹熊本県産業技術センター所長を委員長とする企画委員会が方針や計画を決定する体制とし，事務局を熊本県工業連合会に置くこととした。また，企画委員会のもとで，(1)研究所，先進企業などの見学，(2)ニーズ調査活動，(3)防災・減災関連シーズ調査とビジネスマッチング，(4)FS 活動（2018年度より実施）を進め，熊本県工業連合会主催の研究会が主体となって産学官連携による防災ビジネスの創出に取り組み，2018年から2020年までの 3 年間で10件の防災ビジネスを創出することを目標とした。さらに，これらの防災ビジネスの創出を通して熊本地震からの「創造的復興」と「地産地防」を図るものとした[38]（図 6 - 2 ）。

37）熊本県工業連合会（2017）p.23。
38）くまもと防災ビジネス研究会については，今村　徹（2017）を参考にして書き表した。

第6章　熊本地震と熊本県工業連合会の復旧・復興支援活動

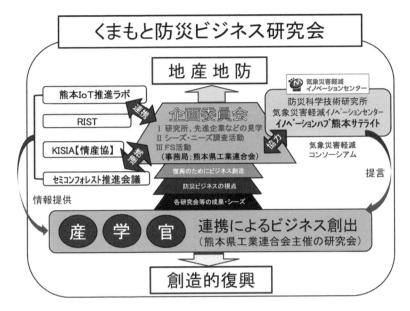

図6-2　くまもと防災ビジネス研究会の概念図

資料：今村徹『"くまもと防災ビジネス研究会"について（キックオフ会議の結果を踏まえて）』2017年8月31日，p.3．

　くまもと防災ビジネス研究会については，熊本地震による大規模な災害をビジネスチャンスとして捉え，地域に防災ビジネスを創出する新たな仕組みづくりとして，今後の活動と目標達成が期待されるところである．

第4節　熊本県工業連合会の復旧・復興支援活動の評価

　以上，熊本地震の被災企業に対する2016年度の熊本県工業連合会の復旧・復興支援活動を考察してきた．最後に，この熊本県工業連合会の復旧・復興支援活動について評価を行うことにしたい．

　熊本県工業連合会の復旧・復興支援活動の評価については，論者によって見解が分かれるであろう．しかし，本連合会の復旧・復興支援活動について，筆者は高く評価したい．高く評価する所以は多々あるが，ここでは次の6つの点を挙げることにしたい．

　1つは，前震発生の翌日に当たる2016年4月15日からEメール・電話にて会

員企業の被害調査を実施したように，いち早く復旧・復興支援活動に取り組んだということである。数ある熊本県の経済団体の中でも，これほど早く復旧・復興支援活動を開始した団体はなかったのではないかと考えられる。

　2つは，会員企業の被災状況や要望等について数度にわたり調査を実施していることである。第1回が前記の会員企業の被害調査，第2回が熊本県ものづくり工業会との合同での「平成28年度熊本県製造業被災状況アンケート」調査，第3回が「誘致企業との取引に関するアンケート調査」である。こうした数度にわたる調査により，熊本地震による会員企業の被災状況や要望，誘致企業との取引関係の変化を把握し，それらを，熊本県工業連合会は行政機関等対する要望活動や各種の復旧・復興支援活動に活かしているのである。

　3つは，会員企業に対する調査の結果や会員企業からの直接的な要望を受けて行政機関等に対し積極的な要望活動を展開していることである。熊本県工業連合会の要望活動は，実際には先に述べた①県内経済5団体による中小企業庁長官，熊本県知事等に対する緊急要望書の提出，②熊本県ものづくり工業会との連名による熊本県知事に対する『ものづくり企業の熊本地震からの創造的復興に対する要望書』の提出，③第29回ナショナル・レジリエンス（防災・減災）懇談会における田中稔彦熊本県工業連合会副会長の意見発表だけではない。2016年5月31日に熊本市で開催された中小企業庁経営支援部長と県内経済5団体及び熊本県商店街振興組合連合会との意見交換会において，また同年8月30日に経済産業大臣が熊本地震の被災地を訪れた際に開催された意見交換会においても本連合会としての要望を伝えている。さらには，本連合会が産業界からみた熊本県及び熊本市の産業施策を取りまとめ，同年10月3日に熊本県知事に，10月11日に熊本市長にそれぞれ面談して提出した『平成28年度施策提言書』においても「復旧・復興するものづくりへの支援」「防災・減災都市構想」「次世代のものづくりに向けての情報発信への支援」を内容とした要望・提言を行っている。

　4つは，多岐にわたる復旧・復興支援活動を行なっていることである。本章では，(1)被害等の調査，(2)要望活動，(3)経済産業省主催の「工業団地のリデザインによる地域企業の活性化研究会」への参加，(4)ものづくり次世代基金の設置，(5)地震復興セミナーの開催，(6)防災産業都市構想フォーラムの設置を取り上げたが，そのほかにも復旧・復興のための優れた人材の確保・育成のための

第6章　熊本地震と熊本県工業連合会の復旧・復興支援活動

取り組み等を行なっている。中でも注力しているのがグループ補助金の交付に関わる作業である。グループ補助金の交付は被災企業の復旧・復興にとって何よりも重要なことである。そのため，熊本県工業連合会は，交付申請に係る説明会への出席，復興事業計画の策定，面倒な復興事業計画認定申請書類の作成，熊本県への申請書類の提出，申請書類の修正のやりとり等，精力的に携わっている。

　5つは，熊本地震の被害からの単なる復旧ではなく，創造的復興に向けた取り組みを行なっていることである。それは，経済産業省主催の「工業団地のリデザインによる地域企業の活性化研究会」における松本修一熊本県工業連合会副幹事長よる工業団地の「創造的復興」の提唱，ものづくり次世代基金の設置，防災産業都市構想フォーラムの設置に端的に表れている。

　6つに，何にも増して評価されなければならないことは，熊本県工業連合会の会員が互いに助け合うという相互扶助の精神が発揮されていることである。この相互扶助の精神は，既述のように本連合会の設立以来20年余りの事業活動の中で醸成されてきたものであり，熊本地震の被災企業に対する本連合会の復旧・復興支援活動を貫いている支柱である。これこそが組織としての本連合会の存在意義であり，強みである。

　さらに付け加えるならば，熊本県工業連合会の復旧・復興支援活動が1～2年の活動としてではなく，それ以上の長きにわたる活動として位置付けられていることである。

　本章を終えるにあたり，「One for all, all for one～創造的復興で災害に強いものづくり企業連合を作り上げよう～」[39]という活動スローガンのもとに，熊本県工業連合会が熊本地震の被災企業に対する息の長い支援活動を繰り広げるとともに，その成果としての熊本県工業の創造的復興・発展に期待したい。

参考文献

今村　徹（2017）：『'くまもと防災ビジネス研究会' について（キックオフ会議の結果を踏まえて）』2017年8月31日。

小田・東・松永・山中・溜渕・秋野（2016）：「緊急レポート　熊本地震と地域経済」『KUMAMOTO地域経済情報』地方経済総合研究所，第50号，pp.3-9。

39）熊本県工業連合会（2017）p.25。

気象庁（2016a）：『平成28年 4 月　地震・火山月報（防災編）』気象庁，2016年 4 月。

気象庁（2016b）：報道発表資料「平成28年 4 月14日21時26分頃の熊本県熊本地方の地震について（第 4 報）」2016年 4 月15日10時30分。

九州経済産業局（2016a）：「工業団地のリデザインによる地域企業の活性化研究会について」九州経済産業局，2016年 7 月。

九州経済産業局（2016b）：『第 3 回工業団地のリデザインによる地域企業の活性化研究会（とりまとめ検討資料）』九州経済産業局，2016年 8 月 8 日。

熊本県（2016a）：『平成28年熊本地震からの復旧・復興プラン』熊本県，2016年 8 月（同年10月改訂，同年12月改訂）。

熊本県（2016b）：『熊本復旧・復興 4 カ年戦略』熊本県，2016年12月。

熊本県危機管理防災課（2017a）：「平成28（2016）年熊本地震等に係る被害状況について【第256報】」2017年10月13日16時30分発表。

熊本県危機管理防災課（2017b）：「平成28（2016）年熊本地震等に係る被害状況について【第257報】」2017年10月17日16時30分発表。

熊本県工業連合会（2010a）：『くまもと工連ニュース』熊本県工業連合会事務局，No.178，2010年 6 月 2 日。

熊本県工業連合会（2010b）：『くまもと工連ニュース』熊本県工業連合会事務局，No.182，2010年10月 1 日。

熊本県工業連合会（2016a）：「誘致企業との取引に関するアンケート調査」調査票，2016年 8 月 3 日。

熊本県工業連合会（2016b）：『誘致企業との取引に関するアンケート調査集計結果』熊本県工業連合会，2016年 8 月。

熊本県工業連合会（2017）：『第 7 回（平成29年度）定時社員総会資料』熊本県工業連合会。

熊本県工業連合会・熊本県ものづくり工業会（2016a）：「平成28年度熊本県製造業被災状況アンケート」調査票，2016年 5 月20日。

熊本県工業連合会・熊本県ものづくり工業会（2016b）：「平成28年度熊本県製造業被災状況アンケート集計結果」熊本県工業連合会・熊本県ものづくり工業会。

熊本県工業連合会・熊本県ものづくり工業会（2016c）：『ものづくり企業の熊本地震からの創造的復興に対する要望書』熊本県工業連合会・熊本県ものづくり工業会，2016年 8 月 5 日。

熊本県商工会議所連合会・熊本県商工会連合会・熊本県中小企業団体中央会・熊本県経営者協会・一般社団法人熊本県工業連合会（2016）：『平成28年熊本地震に伴う緊急要望』熊本県商工会議所連合会・熊本県商工会連合会・熊本県中小企

業団体中央会・熊本県経営者協会・一般社団法人熊本県工業連合会，2016年5月。

田中稔彦（2016）：『ナショナル・レジリエンス懇談会　ものづくり中小企業の被災実態と教訓』金剛株式会社，2016年11月9日。

内閣官房（2016）：「ナショナル・レジリエンス（防災・減災）懇談会（第29回）議事次第」2016年11月9日。

内閣府政策統括官（経済財政分析担当）（2016）：『平成28年熊本地震の影響試算について』内閣府。

内閣府非常災害対策本部（2017a）：「平成28年（2016年）熊本県熊本地方を震源とする地震に係る被害状況等について」2017年3月14日19時00分現在。

内閣府非常災害対策本部（2017b）：「平成28年（2016年）熊本県熊本地方を震源とする地震に係る被害状況等について」2017年10月16日12時00分現在。

松本修一（2016）：『工業団地リデザイン構想　一中小企業経営者の工業団地リデザイン構想私案メモ』2016年7月6日改版。

索　引

欧　字

BCM（Business Continuity Management, 事業継続マネジメント）　78-80, 83-84

Business Continuity Management - Task Force（BCM-TF）　83

BCP（Business Continuity Plan, 事業継続計画）　46, 56, 79-81, 83-84, 158-160

HOYA　38, 40-41
　　——㈱マスク事業部熊本工場　22

ISO 22301 : 2012 Societal security-Business continuity management systems-Requirements（JIS Q 22301: 2013　社会セキュリティー事業継続マネジメントシステム—要求事項）　79

J-RISQ 地震速報　36

NEC エレクトロニクス　60

PDCA サイクル　81

SEAJ（一般社団法人日本半導体製造装置協会）　70

SEMI（Semiconductor Equipment and Materials International）北米地区事業継続協議会　56, 78

"The SEMI Business Continuity Guideline for the Semiconductor Industry and its Supply Chain"　78

あ　行

アイシン九州㈱　22, 38, 41-43, 45
赤酒　91
阿蘇大橋　25

阿蘇の清酒　100
アンビエント情報社会　57
イオン熊本中央店　123
イオンモール
　　——宇城　123
　　——熊本　24, 123, 126
いくばい益城笑店街　130
岩手・宮城内陸地震　8

か　行

活断層　51-52
川尻「瑞鷹」復興支援の会　94
川尻本蔵　92
企業誘致　34, 36, 52
菊池米　99
危惧の声　113
木山　126, 128-131
九州日本電気　59
極陽セミコンダクターズ㈱　74
球磨焼酎酒造組合　89
熊本一極集中　52
熊本県
　　——卸売酒販組合　105
　　——金型・治工具工業会　140
　　——経営者協会　150
　　——工業技術センター　136
　　——工業連合会　20, 35-37, 135-138, 140, 145, 149-150, 152, 154-155, 157-159, 161, 163
　　——産業技術振興協会　20
　　——酒造組合連合会　88
　　——酒造研究所　94
　　——商工会議所連合会　150
　　——商工会連合会　150

——商工観光労働部産業支援課 20

——商店街振興組合連合会 152, 162

——中小企業団体中央会 150

——中小企業等グループ施設等復旧整備補助事業（グループ補助金） 90, 111, 138, 151-152

——道28号熊本高森線 126

——復興事業計画評価委員会 111

『——まち・ひと・しごと創生総合戦略』 153

——ものづくり工業会 140, 152, 162

熊本酵母 94-95, 101, 115-116

熊本地震復旧等予備費 151-152

熊本酒造組合 88

熊本城 24

熊本テクノポリス

——開発計画 34

——建設 135

——財団 135

熊本都市圏 48-49, 52

——一極集中 33

熊本日日新聞 31

『熊本復旧・復興4カ年戦略』 153

くまもと防災ビジネス研究会 160-161

熊本南工業団地 50, 157

クラフト・ビール 116

グループ補助金 46-48, 52, 145, 150, 163

黒潮本流市場益城店 124, 128

激甚災害 134

健軍商店街 23

建築基準法 19

公益財団法人くまもと産業支援財団 20

工業団地 48, 50-52

——のリデザインによる地域企業の活性化研究会 138, 155, 162-163

工場集団化事業 48

公的工業団地 48-49

小売酒販組合連合会 107

小売店 107

さ 行

災害発生後のクリーンルーム内入室作業に関するガイドライン Rev.1.01 70

西郷隆盛 96

財団法人熊本県中小企業振興公社 135

サニー水前寺店 123

サプライチェーン 43, 45-46, 51

サプライヤー 43

産業集積 35

産業立地政策 52

サントリー 38, 40, 42

——水の国くまもと応援プロジェクト 103

サントリービール 41

——㈱九州熊本工場 21, 102

三陸南地震 55, 79

サンリブ

——健軍店 23-24, 123

——子飼 123

——清水 124

支援・見舞金 112

事業継続計画（BCP） 45, 51

『地震対策技術事例集』 83

地震復興セミナー 138, 158, 162

指定酒類製造者 111

ジャストインタイム生産方式 45

酒類小売店 107

純粋日本酒協会 97

商品の損壊 108

情報通信ネットワーク産業協会 84

ショッピング丸勢健軍店 124

震源断層モデル 40

『震災関連死の概況について』 16

推定震度分布 36

瑞鷹（株） 92

瑞鷹酒蔵資料館 93

生産停止 51

清酒の出荷数量 114

索　引

製造業　31
セミコンテクノパーク　65
織月酒造　104
鮮ど市場本店　124
総合卸売流通業者　105
倉庫内のレイアウト　106
創造的復興　52
ソニー　38-39, 41, 64-65, 71-72,
ソニー大分㈱　64
ソニー国分㈱　64
ソニーセミコンダクタ九州㈱　65-66
ソニーセミコンダクタマニュファクチャリ
　ング㈱　66, 80
　　　——熊本テクノロジーセンター　56,
　64
ソニー長崎㈱　64
損金　111

た　行

代替生産　43, 45
高橋酒造㈱　110
弾力的な措置　109
地域住民との共生　106
地産地防　160
中小卸売業者　106
中小企業　46-47, 50-51, 53
千代の園酒造㈱　97
通潤酒造㈱　96
テクノ仮設団地　128, 130
テクノポリス　51
　　　——計画　36, 49
撤退　41, 43
電子情報技術産業協会（JEITA）　83-84
店舗の損壊　107
ドアチェック　43
倒産　47-48
東肥蔵　92
東北地方太平洋沖地震　2, 55, 133
特定非営利活動法人リアルタイム地震・防

災情報利用協議会（REIC）　80
特定非常災害　134
特別損失　102
特例還付　110-111
特例措置　109
トヨタグループ　43, 45

な　行

ナショナル・レジリエンス（防災・減災）
　懇談会　154, 162
新潟県中越地震　8, 55
日本電気（NEC）　59
野白金一　92, 95, 115

は　行

配送システム・流通体制　106
配置転換　43
華錦　96, 116
阪神・淡路大震災　2, 15, 55, 79, 133-134
『半導体関係産業向け事業継続ガイドライ
　ン Version3.2』　78
被害額　37, 43, 50
「被害額の推計について（製造業，商業・
　サービス業，観光業）」　134
東日本大震災　2, 45-48, 51, 55, 61-62, 80,
　133
㈱美少年　99
日奈久断層帯　3-5
兵庫県南部地震　2-3, 8, 15-16, 19, 55,
　133
広安　126-128, 130-131
布田川断層帯　3-5
布田川—日奈久断層帯　31, 36, 51
復旧時期　39-40, 42
復興支援・応援セール　104
復興需要　48
復興ビジネスの創造　160
ブランド価値　116

169

文化ロジック　116

『平成28年熊本地震からの復旧・復興プラン』　153

『平成28年熊本地震に伴う緊急要望』　150, 152

『平成28年熊本地震の影響試算について』　134

「平成28年度熊本県製造業被災状況アンケート」　140, 145, 152, 162

『平成28年度施策提言書』　162

「防災・減災産業づくり」　159-160

防災産業都市構想フォーラム　135, 138, 159-160, 162-163

防災対策　52

豊肥本線　25-26

ま　行

益城テクノ笑店街7　130

益城復興市場・屋台村　128-130

街並み保存地域　92

マルショク健軍店　24

三菱電機　73-74, 77, 79

　——熊本工場　74

　——（株）パワーデバイス製作所熊本事業所　56, 73-74

南阿蘇鉄道　26

宮城沖電気（株）　80

宮城県酒造組合　90

宮城県北部連続地震　80

民間工業団地　48, 50

銘醸地　115

メルコセミコンダクタエンジニアリング㈱　74

メルコ・ディスプレイ・テクノロジー㈱

77

『ものづくり企業の熊本地震からの創造的復興に対する要望書』　152, 162

ものづくり次世代基金　138, 157, 162-163

や　行

山都酒造㈱　101

山村酒造合資会社　100

「誘致企業との取引に関するアンケート調査」　145, 162

誘致大企業　34, 38, 40, 42

ユビキタス情報社会　57

ゆめタウン

　——はません　123

　——光の森　123, 126

ゆめマート楠　124

ら　行

ラピスセミコンダクタ宮城㈱　80

リアルタイム地震防災システム　80

リーディング支援企業　20

流通秩序　112

ルネサスエレクトロニクス（ルネサス）　38-40, 42, 46, 59-60, 62, 64, 80

　——那珂工場　56, 61

ルネサスセミコンダクタ

　——九州・山口　60

　——マニュファクチュアリング㈱川尻工場　56, 59

ルネサステクノロジ　60, 74

　——熊本工場　74

六甲・淡路島断層帯　3

執筆者一覧 （執筆順）

伊東維年（いとう・つなとし）　第1，3，6章，編者
熊本学園大学経済学部特任教授
1945年佐賀県に生まれる。1977年九州大学大学院経済学研究科博士課程単位取得満期退学。1995年博士（経済学）九州大学。熊本学園大学経済学部教授を経て，現在，熊本学園大学名誉教授。著書：『戦後地方工業の展開』（ミネルヴァ書房，1992年），『テクノポリス政策の研究』（日本評論社，1998年）2000年度日本都市学会賞（奥井記念賞）受賞，『地産地消と地域活性化』（日本評論社，2012年），『グローカル時代の地域研究―伊東維年教授退職記念論集』（編著，日本経済評論社，2017年）ほか。

鹿嶋　洋（かしま・ひろし）　第2章，編者
熊本大学大学院人文社会科学研究部教授
1968年大分県に生まれる。1996年筑波大学大学院博士課程地球科学研究科地理学・水文学専攻単位取得退学。博士（理学）筑波大学。三重大学人文学部講師・助教授・教授，2009年熊本大学文学部教授を経て，2017年現職。著書・論文：『産業地域の形成・再編と大企業―日本電気機械工業の立地変動と産業集積―』（原書房，2016年）2017年度地理空間学会学術賞受賞，「大分県における半導体産業集積地域の形成過程と企業間連関の空間構造」『地理空間』第8巻2号，2015年ほか。

中野　元（なかの・はじめ）　第4章
熊本学園大学社会福祉学部教授
1954年新潟県に生まれる。1983年九州大学大学院経済学研究科博士後期課程単位取得満期退学。九州大学経済学部助手，熊本短期大学（現熊本学園大学）講師・助教授を経て，現在，熊本学園大学社会福祉学部教授。著書・論文：『しょうちゅう業界の未来戦略―アジアの中の本格焼酎』（共編著，ミネルヴァ書房，2003年），『九州発　本格焼酎新時代―グローバル時代への挑戦』（共著，西日本新聞社，2012年），「タイにおける酒類市場，社会的規制そして文化特性」（共著）『産業経営研究』第37号，熊本学園大学付属産業経営研究所，2018年3月ほか。

山本耕三（やまもと・こうぞう）　第5章
熊本大学大学院人文社会科学研究部准教授
1968年大阪府に生まれる。1998年広島大学大学院文学研究科博士課程後期地理学専攻単位取得退学。熊本大学教育学部講師・助教授を経て，現在、熊本大学大学院人文社会科学研究部准教授。著書・論文：『熊本の地域研究』（分担執筆，成文堂，2015年），「東日本大震災発生5か月後までの宮城県塩竈市の中心商店街における店舗の営業再開状況」（共著）『熊本大学教育学部紀要，自然科学』第61号，2012年ほか。

編著者

伊東維年（いとう・つなとし）　熊本学園大学経済学部特任教授
鹿嶋　洋（かしま・ひろし）　熊本大学大学院人文社会科学研究部教授

熊本地震と地域産業

2018年8月25日　第1版第1刷発行

編著者──伊東維年・鹿嶋　洋
発行者──串崎　浩
発行所──株式会社日本評論社
　　　　　〒170-8474　東京都豊島区南大塚3-12-4　電話 03-3987-8621（販売），8595（編集）
　　　　　振替　00100-3-16
印　刷──精文堂印刷株式会社
製　本──牧製本印刷株式会社
装　幀──林　健造
検印省略 ⓒ T. Ito and H. Kashima 2018
Printed in Japan
ISBN978-4-535-55908-0

JCOPY＜（社）出版者著作権管理機構　委託出版物＞
本書の無断複写は著作権法上での例外を除き禁じられています。複写される場合は，そのつど事前に，
（社）出版者著作権管理機構（電話 03-3513-6969，FAX 03-3513-6979，e-mail: info@jcopy.or.jp）の
許諾を得てください。また，本書を代行業者等の第三者に依頼してスキャニング等の行為によりデジ
タル化することは，個人の家庭内の利用であっても，一切認められておりません。